JOCHEM SCHÄFER

EUROPÄISCHE PERSPEKTIVEN:

DER 1989ER SALZMARSCH IN DEUTSCHLAND UND MITTEL- UND OSTEUROPA UND DIE ZUKUNFTSWEISENDE BÜRGERKOMMUNIKATION IN DER EU

2008

M.-G. SCHMITZ-VERLAG, NORDSTRAND/NORDSEE

Bibliografische Information der Deutschen Nationalbibliothek:
Die Deutsche Nationalbibliothek verzeichnet diese Publikation
in der Deutschen Nationalbibliografie; detaillierte bibliografische Daten sind im Internet über http://dnb.d-nb.de abrufbar.
ISBN 978-3-8423-6020-4

Die Respektierung der nationalen, geistigen und kulturellen Identität der Völker ist eine unerlässliche Bedingung für eine stabile Umwelt, die Europa und die Welt benötigten, um in eine Ära des Friedens zu treten.

Michail Gorbatschow am
1. Dezember 1989 bei seinem
Gespräch mit Papst Johannes Paul II.
im Vatikan
(nach Archiv der Gegenwart, 1989)

3

Inhalt

1. Editorial

Die Veröffentlichung belegt eindrucksvoll enge Zusammenhänge zwischen dem Mythos Karls des Großen, der Deutschen Einheit und dem politischen Umbruch in Mittel- und Osteuropa gegen Ende des vergangenen Jahrhunderts. Karl der Große war der erste Baumeister Europas, dessen Reich nach seinen Eroberungsfeldzügen weite Teile der Fläche der heutigen Europäischen Union umfasste. Er schuf erste Grundlagen für ein Verwaltungs-, Bildungs- und Rechtswesen, förderte einen respektablen Wissenschafts- und Kulturaustausch und betrieb mit unnachgiebigem Beharrungsvermögen die Christianisierung seines Herrschaftsbereichs in Übereinstimmung mit dem Papst in Rom. Zugleich nutzte er die Kunst des Dialogs beim Gesandtenaustausch und pflegte gute Kontakte zum Patriarchen von Jerusalem und zum Kalifen von Bagdad. Problematischer gestaltete sich die Abstimmung mit dem Byzantinischen Reich, das weithin an der Struktur und der Entscheidungsgewalt des vormals geteilten Römischen Reichs festhielt und besonders die beanspruchte Vormachtstellung des Papstes in Rom attackierte.

Der jährlich am Himmelfahrtstag in Aachen verliehene Internationale Karlspreis bekräftigt die außerordentliche Bedeutung seines Sinnbilds für das europäische Einigungswerk und betont das große kulturelle Erbe Europas und die beispiellose kulturelle Vielfalt der Verbundenheit. Die vornehmlich mit der sakralen Tradition Marias und Davids verknüpfte Symbolik steht in besonderer Beziehung zum grausamsten Kapitel der Weltgeschichte, dem Dritten Reich der Nationalsozialisten. Sie erfasst das unermessliche Leid des Weltkriegs, den Holocaust, den selbstlosen Widerstand und die Bemühungen um Rettung von Menschenleben und bildet Fundament und Gerüst für den Wiederaufbau und den Aussöhnungs- und Assimilierungsprozess der ehemals verfeindeten Staaten. Verantwortungsvolle Politiker setzten sie auch ein zur Aufhebung der jahrzehntelangen Unterdrückung und Unfreiheit im Sowjetkommunismus, die mit um-

6

fangreichen Bespitzelungspraktiken, einem maroden Staatsapparat und katastrophalen wirtschaftlichen Schwächen und Umweltbelastungen einhergingen. Gemeinsam mit dem polnischen Papst, Johannes Paul II., nutzten sie die Gunst der Stunde, um mit einem ausgewogenen ethischen Konzept unter spezifischer Berücksichtigung des europäischen Vermächtnisses von Musik, Literatur, Kunst, Bildung und Religion gezielt auf die von den Menschen eingeforderte staatliche Souveränität und Wahrung der Bürgerrechte hinzuwirken. Dabei wurde auch das preußische Kulturerbe einbezogen. Bedeutende Impulse für diese Entwicklung gingen von der Konferenz über Sicherheit und Zusammenarbeit in Europa (KSZE), ihren Folgekonferenzen und der Reformpolitik des KPdSU-Generalsekretärs Michail Gorbatschow aus. Die Reaktorkatastrophe von Tschernobyl (1986) beflügelte den demokratischen Prozess und veranschaulichte auf dramatische Weise die Risikoanfälligkeit insbesondere der sowjetischen Atomreaktoren. Nach Fall der Berliner Mauer führte die konkrete Gefahrensituation zur zügigen Abschaltung der unsicheren Reaktorblöcke russischer Bauart des Kernkraftwerks Greifswald. Erhebliche Umwelt- und Gesundheitsbelastungen bedingten zudem unmittelbar nach der Deutschen Einheit die Einstellung der Urangewinnung der langjährigen sowjetisch-deutschen Aktiengesellschaft Wismut in Sachsen und Thüringen und die Aufnahme der Sanierungsarbeiten an den völlig verseuchten Anlagen und Betriebsflächen durch einen reinen Sanierungsbetrieb als Nachfolgeunternehmen.

Die frühe demokratische Entwicklung in Ungarn und Polen und ihre DDR-Flüchtlingshilfe zusammen mit der ČSSR begünstigte ungemein die friedliche Revolution in der DDR und die Maueröffnung. Ferner ermöglichten die friedlichen Bürgerproteste in den meisten Ländern und Teilrepubliken Mittel- und Osteuropas einen weitgehend abgestimmten Umwandlungsprozess zur staatlichen Souveränität und Demokratie und eine zügige Aufnahme in den Europarat. Die Eröffnung des Beitrittsprozesses zur Europäischen Union fand für zehn dieser Staaten nach einer mehrjährigen politischen und wirtschaftlichen Konsolidierung am 30. März 1998, dem 50. Geburtstag des Autors, anlässlich einer EU-Außenministerratstagung in Brüssel statt. Am 1. Mai 2004 traten acht Länder neben Malta und dem griechischen Teil der Insel Zypern der EU bei, Bulgarien und Rumänien folgten am 1. Januar 2007. Von den verbleibenden Staaten der 1989er revolutionären Bürgerbewegung wird Kroatien voraussichtlich 2011 die EU-Mitgliedschaft erlangen. Mit der Ukraine vereinbarte die EU 2005 einen Aktionsplan, der u.a. eine enge Zusammenarbeit in der Außen- und Sicherheitspolitik und den Dialog über die Schaffung einer Freihandelszone vorsieht.

Die große Mehrheit der Regierungschefs in der EU hofft, dass der Vertrag von Lissabon noch vor den Wahlen zum Europäischen Parlament im Juni 2009 in Kraft treten kann. Hierzu ist seine Ratifizierung durch alle 27 EU-Mitgliedstaaten erforderlich. 18 Staaten haben ihn bisher gebilligt. Das ablehnende Referendum der Iren am 12. Juni 2008, die anschließende Ankündigung des polnischen Präsidenten Lech Kaczynski, das Gesetz zur Ratifikation des Vertrags derzeit nicht zu unterzeichnen, und eventuelle Bedenken weiterer Staaten könnten diese Terminplanung und ungünstigstenfalls den gesamten Reformvertrag in Frage stellen. Die französische Ratspräsidentschaft will sich deswegen in der zweiten Hälfte des Jahres 2008 darum bemühen, dass zunächst die Ratifizierung in den übrigen Mitgliedstaaten soweit wie möglich abgeschlossen wird. Ihre Einflussmöglichkeit auf die nationalen Verfahren und etwaige verfassungsrechtliche Auseinandersetzungen ist jedoch äußerst gering. Irland soll ausreichend Zeit eingeräumt werden, um das ablehnende Votum seiner Bürger zu überdenken und Vorschläge zum weiteren Procedere zu unterbreiten. Ein zweites Referendum der Iren in 2009 ist durchaus denkbar.
Die Unterzeichnung des Vertrags in der portugiesischen Hauptstadt im Dezember 2007 stand exemplarisch für das europäische Aufbauwerk und das Versöhnungs- und Einigungsstreben der Völker nach dem Zweiten Weltkrieg, in dem Lissabon die zent-

rale europäische Fluchtstation vor den Hitler-Schergen für nahezu 100.000 Flüchtlinge bildete.[1] Diese Ausarbeitung widmet daher ihr abschließendes Kapitel dem Unionsbürger und seinen engagierten und repressionsfreien Kommunikationsmöglichkeiten. Sie schöpft dabei auch aus den Erfahrungen, die man in anderen Teilen der Welt mit der Befreiungsbewegung und dem gewaltfreien Dialog machte, vornehmlich mit den Konzepten Mahatma Gandhis in Indien und Paulo Freires in Lateinamerika. Der gut informierte und verantwortlich handelnde Unionsbürger bietet die beste Gewähr für eine friedliche und demokratische Zukunftsgestaltung Europas.

---

[1] Vgl. Hans Winterberg (1997), S. 6.

2.   Karl der Große, der erste Baumeister Europas

Der vermutlich am 2. April 748 geborene Karl wurde nach dem Tod seines Vaters, Pippin III., 768 König des Frankenreichs.[2] Sein Vater hatte 751 mit Billigung des Papstes die Königswürde erlangt und damit die Dynastie der Karolinger begründet. Für die oftmals beschriebene Salbung Pippins anlässlich dieses Ereignisses durch Bonifatius oder einen anderen Bischof gibt es nach Semmler „weder zeitgenössische noch vertrauenswürdige spätere Quellen". Bezeugt ist jedoch eine Salbung des Königs und seiner Söhne im Jahr 754 durch Papst Stephan II. im Kloster St. Denis bei Paris, die liturgisch nach einer Quelle aus dem 10. Jh. der Verleihung des Sakraments der Firmung entsprach.[3] In Eroberungsfeldzügen gegen die Langobarden, Awaren und Sachsen konnte Karl nach Übernahme der Regierungsgewalt sein Herrschaftsgebiet in einem „Meer von Blut, Schweiß und Tränen" erheblich ausweiten.[4] Ständige Übergriffe konnten nur dort verhindert werden, wo die Mission zur Konsolidierung beitrug. Schon unter den Vorfahren Karls hatte insbesondere die angelsächsische Mission mit ihrem Hauptvertreter Bonifatius im ostfränkischen Missionsgebiet wertvolle Hilfestellungen geleistet. Karls Reich, einschließlich der Gebiete, die sich in Abhängigkeit des Frankenreichs befanden, umfasste gegen Ende des 8. Jh. Mittel- und Westeuropa (jedoch ohne England) mit großen Teilen Italiens sowie u.a. Sachsen, Böhmen, Mähren, Gebiete an Theiß und Donau, das Fürstentum Karantanien (Slowenien) und Istrien in Süd- und Osteuropa. Seinem Sohn Ludwig gelang nach einem 778 misslungenen Feldzug gegen die Basken und die weite Teile Spaniens beherrschenden Muslime auch die Eroberung Barcelonas (801), das er zum Verwaltungszentrum in

---

2   Vgl. Matthias Becher (1992), S. 59 u. 60. Von anderen Historikern werden auch die Jahre 742 und 747 als Geburtsjahre genannt.
3   Vgl. Josef Semmler (2003), S. 46 u. 47.
4   Vgl. Roman Herzog (Bundespräsident) (1998), S. 33.

der spanischen Mark erhob. Zahlreiche Kirchen- und Kloster-
gründungen in Katalonien bezeugen diese Ära.

Das um 1100 entstandene französische Heldenepos „Chanson de
Roland" lobpreist den Feldzug des Jahres 778 mit dem im
Kampf gegen die Heiden gefallenen Markgraf Roland als Re-
cken. Demgegenüber würdigt eine um 1172 aus dem Chanson
abgeleitete Märtyrerlegende des mittelhochdeutschen Dichters
Pfaffe Konrad vornehmlich Karl als großen religiösen Feld-
herrn, der mit augenfälligen Parallelen zur Bibel die göttliche
Herrschaft auf Erden zu verwirklichen versucht. Seine Gebete
und Klagen zeigen Bezüge zum Bild Christi in Gethsemane und
in der Passionsgeschichte.[5] Europaweite Verbreitung fand eine
Kreuzzugsversion aus der Feder eines anonymen französischen
Geistlichen um 1140, der sogenannte Pseudo-Turpin, nach der
Karl mit dem Feldzug die Befreiung des Apostelgrabes von Ja-
cobus d.Ä. in Santiago de Compostela aus den Händen der mus-
limischen Mauren erstrebte. Die belletristische Darstellungs-
weise mit Märtyrergebaren förderte den späteren Karlskult im
hohen Mittelalter.[6] Von der eher verlässlichen Herrscherbiogra-
phie des fränkischen Geschichtsschreibers Einhard „Vita Karoli
Magni" (ca. 835) und den um 788 veranlassten Aufzeichnungen
der fränkischen Reichsgeschichte von 741 bis 829 (Reichsannalen) weicht sie gänzlich ab.

Karl, in Friedenszeiten stets von Wissenschaftlern und Gelehr-
ten umgeben, widmete sich der Christianisierung mit besonderer Intensität. Von seinen weltläufigen Beratern erhoffte er sich
vor allem Anregungen zur Belebung und Erneuerung von Kirche, Schule und Bildung.[7] Er fühlte sich an die Spitze der
lateinischen Westkirche berufen und setzte zahlreiche Akzente
durch eigens einberufene Kirchenkonzile. Sein Einfluss wurde

---

5   Vgl. Waldtraut-Ingeborg Geppert (1956). S. 351, 354 u. 371-373.
6   Vgl. Klaus Herbers (2003), S. VII.
7   Vgl. Rudolf Schieffer (2003), S. 16.

auf der Synode in Frankfurt am Main (794) besonders deutlich. Dort setzte er die Ablehnung der Beschlüsse zur Anbetung und Verehrung der Ikonen des von der byzantinischen Kaiserin Irene protegierten zweiten Konzils von Nicäa (787) durch.

Es ist anzunehmen, dass im Jahr 800 Pfalz und Pfalzkapelle (Marienkirche) in Karls Residenz Aachen weitestgehend fertiggestellt waren. Die Pfalzkapelle, Kernbau des 1978 als erstes deutsches Denkmal in die Welterbeliste der UNESCO aufgenommenen Aachener Doms, ist mit ihren römischen und byzantinischen Stilelementen eines der hervorstechendsten Gotteshäuser des Abendlandes und der europäischen Kulturgeschichte. Mit ihrer oktogonen Gestaltung orientierte sie sich vermutlich an dem Idealbild des salomonischen Tempels.[8]

Am Weihnachtstag 800 krönte Papst Leo III. Karl in Rom zum Kaiser und bestätigte damit dessen politische Herrschaft über die ewige Stadt und das vereinigte Westreich. Sein Name zierte ab diesem Tag päpstliche Münzen zusammen mit dem heiligen Petrus und dem Monogramm des Papstes. In Konstantinopel, der Hauptstadt des byzantinischen Ostreichs, reagierte man zunächst mit Missachtung auf diese Inthronisation und war erst 811 nach Gebietsabtretungen zur Anerkennung und Versöhnung mit der Weltmacht im Westen bereit.[9]

Bereits 797 setzte Karl einen Gesandtenaustausch mit dem Kalifen von Bagdad, Harun al-Raschid, in Gang, u.a. mit dem Juden Isaak als Dolmetscher und Fernhändler. Nach der Kaiserkrönung wuchs sein Einfluss als Friedensstifter. Abordnungen des Patriarchen von Jerusalem und nordafrikanische Gesandte bezeugen sein diplomatisches Geschick. Die Geschenke des Kalifen, u.a. ein weißer Elefant und eine kostbare Wasseruhr, und die des Patriarchen, die Schlüssel zum Grab Jesu Christi, zum Berg Zion und zur Stadt Jerusalem mit einem Banner, belegen die außerordentlich guten Beziehungen zwischen Aachen, Bag-

---

[8]   Vgl. Gustav Kühnel (2003) S. 52 u. 53.
[9]   Vgl. Alessandro Barbero (2007), S. 108-110.

12

dad und Jerusalem in dieser Zeit.[10] In der Geschichtswissenschaft ist umstritten, ob es sich bei dem Präsent des Patriarchen um eine Ehrengabe oder um die Übertragung eines Schutzauftrags handelte. Pilgerberichte aus der zweiten Hälfte des 9. Jh. belegen jedenfalls in Jerusalem neben der Kirche Santa Maria (Latina) ein Hospiz des Kaisers Karl mit umfangreichen Einrichtungen, dessen Bibliothek der Frankenherrscher einrichtete.[11]

Jerusalem galt auch damals schon bei den drei großen monotheistischen Weltreligionen Christentum, Judentum und Islam als heilige Stadt. Bagdad erlebte unter dem Abbasidenherrscher Harun al-Raschid (786-809) als beliebter Treffpunkt von Künstlern, Poeten und Wissenschaftlern seine höchste Blüte. Dem Lebenswerk des kunstsinnigen und lyrisch interessierten Kalifen wurde in der Märchen- und Sagensammlung „Erzählungen aus Tausendundeine Nacht" ein unvergängliches Denkmal gesetzt.[12] Die prunkvoll ausgebaute Hauptstadt seines Weltreichs im Vorderen und Mittleren Orient und in Teilen Nordafrikas avancierte unter seiner Regentschaft zur emsigen Handelsmetropole im Warenverkehr mit China, Indien, Korea (Vereinigtes Silla), Byzanz und West- und Mitteleuropa.[13] Adäquater Partner im Fernhandel und Gesandtenaustausch war die damalige chinesische Hauptstadt Chang'an (das heutige Xi'an), der östliche Ausgangspunkt der Seidenstraße. 13 Dynastien verlegten ihren Regierungssitz in diese Stadt, die als Wiege der chinesischen Kultur gilt und in jenen Jahren der Tang-Dynastie einen bezaubernden internationalen Flair ausstrahlte.[14] Bereichert um ostasiatische Einflüsse gelangten über Bagdad und Konstantinopel kulturelle, religiöse, wissenschaftliche und technische Errungenschaften des Orients in den Okzident und förderten dort

---

10 Vgl. Reinhold Rau (1993), S. 75-87.
11 Vgl. Adam C. Oellers (2003), S. 115.
12 Vgl. Andrea Dornseif u. Karin Hörner (2003), S. 155.
13 Vgl. André Clot (2001), S. 284-289.
14 Vgl. Jianlin Zhang (2006), S. 63; vgl. auch Dieter Kuhn (1993), S. 13.

Diversität und Lebensqualität. Dabei wurde auch das von Byzanz über die Jahrhunderte bewahrte geistige und kulturelle Erbe der Antike in das Abendland vermittelt.[15]
Ein Jahr vor seinem Tod und der Beisetzung in der Aachener Pfalzkapelle (814) erhob Karl seinen Sohn Ludwig I. zum Mitkaiser. Unter dessen Söhnen setzte mit dem Vertrag von Verdun (843) die Aufteilung des Frankenreichs ein. Sie führte zur Bildung des West- und des Ostfränkischen Reichs, aus denen später Frankreich und nach dem Reich der Deutschen das Heilige Römische Reich hervorgingen.

1165 ließ der Stauferkaiser Friedrich I. Barbarossa Karl am 29. Dezember, dem Fest Davids, mit Zustimmung des Gegenpapstes Paschalis III. heilig sprechen.[16] Der 1215 fertiggestellte kunstvolle Schrein mit den Gebeinen Karls und der vermutlich für die Krönung Ottos I. geschaffene und einen salomonischen Bezug andeutende Thron bildeten den angemessenen historischen Rahmen und Mythos für die römisch-deutschen Königskrönungen. Von Otto I. (936) bis Ferdinand I. (1531) fanden die Feierlichkeiten überwiegend in der Aachener Pfalzkapelle statt und prägten über die Jahrhunderte das Herrscher- und Karlsbildnis.[17] Das 1356 unter Kaiser Karl IV. erlassene Reichsgrundgesetz (Goldene Bulle) bestimmte die Frankfurter St. Bartholomäuskirche zum Ort der römisch-deutschen Königswahl und verankerte damit den seit dem 12. Jh. bei Königs- und Kaiserwahlen üblichen Wahlmodus in der am Main gelegene Stadt. Von 1562 bis zur Auflösung des Heiligen Römischen Reichs (1806) gingen hier auch die Krönungsfeiern für alle in der St. Bartholomäuskirche gewählten Könige und Kaiser vonstatten.[18] Kostbare Reichskleinodien, u.a. Reichskrone, Reichsschwert, Krönungsgewänder, Säbel und Reliquien, bezeugten bei den Krönungen

---

[15] Vgl. André Guillou (1993), S. 172.
[16] Vgl. Klaus Militzer (2000), S. 108; siehe auch Ludwig Vones (2003), S. 89 u. 91.
[17] Vgl. Mario Kramp (2000), S. 16.
[18] Vgl. Evelyn Brockhoff u. Michael Matthäus (Hrsg.) (2006), S. 8-11.

die Legitimität des Herrschers. Sie begründeten den im Zuge der Aufklärung an Bedeutung einbüßenden Kronschatz des Heiligen Römischen Reichs, das bei erweiterter Betrachtungsweise seine Errichtung von der Kaiserkrönung Karls in Rom herleitete.[19] Die Huldigung des Frankenherrschers durch nachfolgende Regenten hielt bis zum Ende der Kaiserzeit im Deutschen Reich (1918) an und fand selbst in Preußen besonderen Anklang. Im Heiligen Römischen Reich war sie unter Otto III., Friedrich I. und II. sowie Karl IV. und V. außergewöhnlich ausgeprägt. In Frankreich erinnerten vornehmlich Karl V. und Napoleon I. beharrlich an sein Erbe.[20] In Preußen fühlte sich besonders Kaiser Wilhelm II. dazu berufen, das große Werk Karls fortzusetzen und nutzte 1.100 Jahre nach seinem Tod (1914) die „wohl bedeutendste Karlsfeier der Neuzeit" in Aachen zur politischen Repräsentation.[21]

Bis in die Gegenwart ist seit Karl oder seinem Vater Pippin eine Staats- und Herrscherideologie überliefert, die der Monarchie den Charakter eines sakralen Fürstentums verleiht. Das Aufklärungszeitalter trug jedoch auch hier zu einer erheblich unbefangeneren Sichtweise bei.[22] Die besonders im Römerbrief des Neuen Testaments verankerte göttliche Legitimation des Herrschers, das Gottesgnadentum, wurde im Heiligen Römischen Reich durch Salbung und Königseid als konstitutive Bestandteile der Krönungsliturgie übertragen und durch den Zusatz „Dei gratia" (von Gottes Gnaden) beim Monarchentitel bekundet. Einige Königshäuser führen heute noch diese Bezeichnung. Karl der Große ließ sich mehrfach salben und berief sich bei seinem Reformwerk auf Gottes Willen und alttestamentarische Vorbilder, u.a. die Könige David, Salomo und Josia. Der weihevolle Akt verlieh ihm eine besondere geistliche Würde und spornte

---

[19]   Vgl. Hermann Fillitz (2000), S. 148.
[20]   Vgl. Matthias Pape (2000), S. 142.
[21]   Vgl. Dieter P.J. Wynands (2003), S. 219 u. 227.
[22]   Vgl. Georg Flor (1991), S. 9.

ihn an, in Übereinstimmung mit David den Glauben mit rigoroser Entschiedenheit im „Imperium christianum" einzuführen und zu festigen und als Friedensvermittler zu wirken.[23] Die meisten seiner Nachfolger sahen sich ebenfalls in dieser alttestamentarischen Tradition.[24] Bei den protestantischen Hohenzollern verlor das kirchlich-religiöse Zeremoniell an Bedeutung. Nach der bischöflichen Salbung am Krönungstag von Friedrich I. (1701) begnügte man sich 1861 bei Wilhelm I. mit eine Weihe und ab 1871 mit einem Gottesdienst anlässlich des Inthronisationszeremoniells. Das änderte jedoch nichts an dem eigentlichen Gehalt des feierlichen kirchlichen Akts, der bei allen preußischen Regenten der Absegnung des Gottesgnadentums in der preußischen Verfassung und damit der Herrscherlegitimation diente.[25] Der David-Psalm 21 des Alten Testaments (Danklied für den Sieg des Königs) war, soweit es sich recherchieren ließ, stets Bestandteil des festlichen Akts.

Im Dritten Reich instrumentalisierten die Nationalsozialisten Karl und missbrauchten sein Angedenken für politische Zwecke. Von 1933 bis 1935 galt der Frankenherrscher zunächst als Despot und Feind des Germanen- und Deutschtums, der sich als „Sachsenschlächter" einen Namen machte. Dann erkannte Hitler seinen Nutzen für sein Großmachtstreben und ließ ihn systematisch zum bedeutenden Recken und Machthaber des Mittelalters aufbauen, der das Deutsche Reich begründete und Größe und Vormacht des Landes in Europa zu verwirklichen wusste.[26] Die Präsentation der Reichskleinodien im Rathaus und in der Meistersingerkirche (Katharinenkirche) von Nürnberg diente diesem Unterfangen.[27] Hitler und seine Schergen intensivierten diese

---

23 Vgl. Alessandro Barbero (2007), S. 101 u. 249, sowie auch Georg Flor (1991), S. 70 u. 71.
24 Vgl. Dela von Boeselager (2006), S. 339.
25 Vgl. Claudia Lepp (2006), S. 20 u. 21.
26 Vgl. Max Kerner (2004), S. 96.
27 Vgl. Hans-Ulrich Thamer (2000), S. 831 u. 833.

Darstellung mit Ausbruch des Krieges und nutzten einschlägige Veröffentlichungen, Ausstellungen und ein Karlsjubiläum im Jahr 1942 für ihre Propaganda und aggressiven Machenschaften. Nach dem Weltkrieg, der mit weit über 50 Millionen Toten, unzähligen Flüchtlingen und Vertriebenen und dem totalen Zusammenbruch des Deutschen Reichs endete, diente der Karlskult ab 1945 vornehmlich der schrittweisen Annäherung der beiden Kriegsgegner Deutschland und Frankreich.[28] Man beschwor den gemeinsamen Vorfahren und Vorkämpfer Europas, um die entwurzelten Kulturen und die völlig zerrüttete Moral und Lebenseinstellung der Menschen durch eine Westbindung der Bundesrepublik wieder zu festigen und neu zu beleben. Journalismus und Politik widmeten sich mit besonderer Vehemenz diesem Anliegen und fanden in Konrad Adenauer, Jean Monnet, Robert Schumann und Alcide de Gasperi standhafte Politiker und Staatsführer, die friedvolle Visionen entwickelten und mit viel Engagement das europäische Versöhnungswerk vorantrieben.[29] Umfangreiche Hilfen aus dem Marshallplan der USA für den Wiederaufbau Westeuropas von 1948 bis 1952 erleichterten das Vorhaben.

Am 4. April 1949 wurde in Washington die NATO und am 5. Mai 1949 in London der Europarat auf völkerrechtlicher Grundlage gegründet. Bei dem militärischen Bündnis nutzten die beteiligten Staaten eine eng mit dem Widerstand gegen den Nationalsozialismus verknüpfte Symbolik, die auch den dargestellten Herrschermythos und die Feldzugsstrategie der Alliierten im Zweiten Weltkrieg als Antwort auf Hitlers Antisemitismus und Menschenjagd prägte. Die NATO konstituierte sich als Verbund europäischer und amerikanischer Staaten auf den Tag 210 Jahre nach der Uraufführung des Händelschen Oratoriums „Israel in Egypt" im Londoner King's Theatre, das mit Texten

---

28   Vgl. Matthias Pape (2000), S. 139 u. 161/162.
29   Vgl. Max Kerner (2003), S. 275.

aus dem Alten Testament die Gefangenschaft der Israeliten in Ägypten und die wundersame Rettung des Volks beim Durchzug durch das Rote Meer darstellt.[30] Diese Thematik griffen auch Georg Philipp Telemann und Carl Philipp Emanuel Bach in ihren 1759 und 1769 in Hamburg uraufgeführten Oratorien „Das befreite Israel. Ein musikalisches Gedicht" und „Die Israeliten in der Wüste" auf. Johann Wolfgang von Goethe erörterte ebenfalls in einer Abhandlung den biblischen Exodus des Volkes Israel mit Moses und bezweifelte die alttestamentarisch unterstellte 40jährige Verweildauer in der Wüste Sinai unter den extrem schwierigen Lebensbedingungen. Aufführungen des Händelschen Oratoriums durch die Berliner Singakademie 1927 in der Mailänder Scala und 1935 in Kopenhagen legen nahe, dass das Werk in den 20er und 30er Jahren der Emigration und Fluchthilfe der jüdischen Bevölkerung diente. Aktuellere Darbietungen, u.a. in Karlsruhe (1991), Lübeck (2000), Salzburg (2001), Leipzig (2001), Aachen (2005), Augsburg (2007), Marburg a.d. Lahn (2008) und Frankfurt am Main (2008) bestätigen ebenfalls die Sonderstellung des Oratoriums, das mit seiner übermächtigen Ausdruckskraft die Tragik und den hoffnungsvollen Neuanfang des jüdischen Volks im 20. Jh. zeitnah widerspiegelt.

Weitere Integrationshöhepunkte der Nachkriegszeit bildeten die am 5. Mai 1955 in Kraft getretenen Pariser Verträge, die der Bundesrepublik eine weitgehende Souveränität zubilligten und deren Verteidigungsbeiträge im Rahmen der Westeuropäischen Union (WEU) und NATO regelten, und die Unterzeichnung der Verträge zur Gründung der Europäischen Wirtschaftsgemeinschaft (EWG) und der Europäischen Atomgemeinschaft am 25. März 1957 auf dem Kapitol in Rom. Der liturgische Festtag der Unterzeichnung betonte die ethische Grundlage des Einigungswerks und verknüpften es mit der Jahrtausende alten Marientradition des europäischen Kontinents.

---

[30]   Vgl. Albert Scheibler u. Julia Evdokimova (1993), S. 268-270.

Seit 1950 wird der von einflussreichen Aachener Bürgern gestiftete Karlspreis der Stadt Aachen in Erinnerung an den „großen Begründer der abendländischen Kultur" im 8. und 9. Jh. verliehen. Bundeskanzler Dr. Konrad Adenauer, Karlspreisträger 1954, hob bei der Verleihung das gemeinsame Erbe und die Tradition unseres europäischen Kontinents sowie die Schicksalsgemeinschaft Europa hervor.[31] In der Innenstadt Aachens erinnert das Mahnmal Kristallnacht, ein drei Meter hoher Glaskristallkörper als Davidstern mit aufgetürmten Glasplatten und stark angekratzter Oberfläche, an die Reichspogromnacht 1938, in der vom 9. auf den 10. November auch die Aachener Synagoge zerstört wurde. Das von der Evangelischen und Katholischen Kirche der Stadt errichtete Mahnmal vom 8. November 1984 verweist mit Bodenplatteninschriften auf die Mission Karls des Großen zum Kalifen Harun al-Raschid mit dem Juden Isaak, gedenkt der Deportation 700 Aachener jüdischer Bürger in die Todeslager und ermahnt vor jeglichem Hass und jeder Feindschaft.[32]

---

[31] Vgl. Konrad Adenauer (1982), S. 55.
[32] Vgl. Heinz Tobolla (2001), S. 19-24.

3. Exkurs: Die Eltern des Verfassers als Symbolträger für Widerstand und Völkerverständigung

In der Ortslage Herborns, dem Heimatort des Verfassers, wird ein alter fränkischer Königshof vermutet, der bereits unter merowingischer oder früh-karolingischer Herrschaft als Etappenstandort eines historisch bedeutsamen großräumigen Straßen- und Verkehrswegenetzes diente, u.a. von Köln, Bonn, Andernach und Koblenz nach Leipzig.[33] Überliefert sind alte Gesteinsreste einer im 9./10. Jh. vermutlich zur Verstärkung des Königshofs angelegten großräumigen Festung im heutigen Stadtteil Herborn-Burg.

Die Stadt mit der Tradition einer europaweit bekannten, calvinistisch geprägten Hohen Schule (von 1584-1817) erhielt am 6. November 1251, drei Jahre nach der Grundsteinlegung des Kölner Doms und der Weihe der Saint Chapelle in Paris, ihre Stadtrechte durch den römischen König Wilhelm. Das 1269 zuerst bezeugte Stadtsiegel wurde in seiner bildhaften Darstellung zu Beginn des 20. Jh. als Stadtwappen übernommen.[34] Es zeigt die beiden verschwisterten Grafen Walram II. und Otto I., wohl vor der Teilung des Nassauer Grafenhauses im Jahr 1255, zusammen mit dem heiligen Petrus (Abb. 1).

Ein Vorfahr der Grafen trug das Banner eines von Friedrich I. Barbarossa befehligten Kreuzzugsheeres und war zusammen mit einem Verwandten 1198 an der Errichtung des Deutschen Ordens „ordo domus hospitalis S. Mariae teutonicorum in Jerusalem" in Akko aus einer Hospitalbrüderschaft beteiligt.[35] Die nassauische Aufspaltung in einen walramischen und einen ottonischen Zweig führte in späteren Jahren zu weitreichenden Expansionen, wie bedeutende Herrschaftsbildungen im Saarraum,

---

33   Vgl. Willi Görich (1956), S. 248 u. 249.
34   Vgl. Otto Renkhoff (1951), S. 114.
35   Vgl. Joachim Wienecke (2001), S. 55 u. 56.

in Lothringen, im Luxemburgischen und in den Niederlanden (Nassau-Oranien) belegen.[36]

Abb. 1: Stadtwappen von Herborn

Die Umrisse des unteren Wappenausschnitts einschließlich des giebelförmigen Dachs zeigen gewisse Parallelen zu einer frühen Bildrekonstruktion der Grabkapelle Jesu Christi aus der Zeit Kaiser Konstantins I. (306-337) und zu einer Miniatur aus dem 12. Jh., die die Siegesfeier beim Einzug Davids in die heilige

---

36   Vgl. Michael Hollmann (1992), S. 7 u. 22.

Stadt darstellt.[37] Erstaunlich ist auch die Übereinstimmung mit der Frontansicht der „Kirche der Nationen" im Garten Gethsemane am Fuß des Ölbergs, die nach der Gründung des Völkerbundes zwischen 1919 und 1924 mit finanzieller Beteiligung zahlreicher Staaten in Jerusalem erbaut wurde. Die im oberen Wappenabschnitt abgebildeten fünf Türme vermitteln den Eindruck von Festungsanlagen in Jerusalem und könnten symbolhaft für die fünf Bücher Moses, die fünf Wundmale Christi oder die fünfstufigen kosmischen Tempeltürme (Zikkurrate) in Babylonien stehen.

Die Nahost-Reise Kaiser Wilhelms II. (1898), 700 Jahre nach der Gründung des Deutschen Ordens in Akko, bereitete den Weg für das Friedens- und Versöhnungswerk von Otto (8.11.1902 – 20.06.1975) und Martha Schäfer, geb. Pech (23.04.1908 – 16.08.1992) im 20. Jh. Stationen seiner Reise waren u.a. Jerusalem mit der Weihe der Erlöserkirche und der Übertragung der Dormitio zum Bau einer katholischen Kirche auf dem Berg Zion, Bethlehem, Beirut, die jüdische Siedlung „Mikweh Israel" und die Grabstätte Saladins in Damaskus (am 8. November 1898).[38]
Durch ihre Vorfahren eng verflochten mit der sakralen Tradition maßgebender Dynastien und anderer staatsrechtlicher Herrschaftsformen wurden die Eltern des Autors schon mit jungen Jahren in den Friedensprozess nach dem Ersten Weltkrieg und in Gründung und Aufbau des Völkerbundes einbezogen. Nach Hitlers antisemitischer und kriegstreiberischer Programmschrift „Mein Kampf" und ständig zunehmenden brutalen Ausschreitungen gegen jüdische Mitbürger und andere Minderheiten engagierten sie sich zusammen mit Verwandten und Freunden im internationalen Widerstand. Essenziell waren dabei u.a. Überlegungen des britischen Außenministers Balfour aus dem Jahr

---

[37]   Vgl. Martin Biddle (2000), S. 35, sowie auch Jerry M. Landay (1976), S. 28 u. 29.

[38]   Vgl. Jochem Schäfer (2006), S. 4-6.

1917 zur Schaffung einer „nationalen Heimstätte in Palästina" für die verfolgte jüdische Bevölkerung. Das Verbot des Tragens von Hakenkreuzen in Schulen durch den preußischen Kulturminister Haenisch am 18. und der Beginn des Staatsputschversuchs Hitlers am 21. Geburtstag Ottos beflügelte die Formierung des Widerstands. Gleichermaßen wirkte sich auch der Deutsche Wandertag 1927 aus, der 1.400 Jahre nach der durch Inschriften belegten Gründung des St. Katharina-Klosters auf dem Sinai durch den byzantinischen Kaiser Justinian I. in Herborn stattfand.[39]

Martha unterstützte in diesen Jahren als Erzieherin zusammen mit Kolleginnen die internationale Bewegung. Sie eröffnete in Weilburg am Schlossplatz einen Fröbelschen Privatkindergarten und erzog Kinder der Familie Siben in Paris, der jüdischen Familie Ehrlich in Bad Kissingen und der halbjüdischen Familie Oppenheimer in Frankfurt am Main. Einige Ereignisse während des Dritten Reichs verdeutlichen beispielhaft Motivation und Auswirkungen dieser Teamarbeit, die zur Emigration und Flucht der Verfolgten und zur Befreiung von Konzentrationslagern beitrug und auch das Weltkriegsende, den friedlichen Wiederaufbau und das Versöhnungswerk der Völker bis heute beeinflusste:

- Im Jahr 1935, als die Nationalsozialisten auf ihrem Reichsparteitag die völkisch-rassistischen Nürnberger Gesetze mit dem „Gesetz zum Schutz des deutschen Blutes und der deutschen Ehre" und dem „Reichsbürgergesetz" verabschiedeten, baute Johanna Kirchner aus Frankfurt am Main im lothringischen Forbach, dem früheren Wohnort der Eltern von Martha (Pech/Kraft), eine Flüchtlingsberatungs-

---

[39] Der historische Gehalt der Inschriften in griechischer und arabischer Sprache über Klostereingängen wird in der Literatur auch kontrovers diskutiert. Der Sinaiticus Graecus von 1605 nennt nur die arabische Gründungsinschrift. Die erste bekannte Erwähnung einer Inschrift in griechischer Sprache stammt von 1817. Vgl. Elfriede Storm (1980), S. 28 u. 29.

stelle auf und leitete das Saarflüchtlingskomitee. Die Familie des Autors unterhielt Kontakte zu dieser Stelle. Nach ihrer Flucht u.a. nach Paris wurde die Widerstandskämpferin nach Ausbruch des Krieges in Frankreich verhaftet und interniert und nach vorübergehender Freilassung 1942 vom Vichy-Regime an die Gestapo ausgeliefert. Am 9. Juni 1944 wurde sie in Berlin-Plötzensee hingerichtet.

- Das 1936 von den Nationalsozialisten aus ideologischen und eroberungstaktischen Erwägungen umformulierte Händelsche Oratorium „Judas Makkabäus" in „Wilhelmus von Nassauen" mit einer Hommage an den in Herborns Nachbarstadt Dillenburg geborenen niederländischen Freiheitskämpfer Wilhelm I. von Oranien bewirkte, dass der Mythos von der Rettung des auserwählten biblischen Volkes vornehmlich in der Person des Vaters des Autors auflebte und den Widerstand stählte. Die zur Propaganda für die Neuordnung Europas genutzte historische Ausstellung „Deutsche Größe", eröffnet am 8. November 1940 in München unter der Schirmherrschaft von Rudolf Heß, hatte ähnliche Auswirkungen. Sie stellte u.a. Karl den Großen als bedeutenden Herrscher und Europäer dar und wurde auch in Prag, Brüssel, Straßburg und mehreren deutschen Städten gezeigt.[40]

- Hitlers Weisung Nr. 21 an die Oberste Heeresleitung, der Fall Barbarossa, vom 18. Dezember 1940 hatte die Niederwerfung Sowjetrusslands in einem schnellen Feldzug zum Inhalt.[41] Am 30. März 1941 wies Hitler knapp 100 am Unternehmen beteiligte Generäle und höhere Befehlshaber in ihre Aufgaben ein. Dabei forderte er u.a. die Ausrottung des Bolschewismus mit der Vernichtung der Kommissare

---

40 Vgl. Karen Schönwälder (1992), S. 234-237.
41 Vgl. Walther Hubatsch (1983), S. 84-92.

und der kommunistischen Intelligenz.[42] Die den Davidmythos hervorhebende Nummerierung und der Feldzugsname Barbarossa offenbaren einen Bezug zum Kreuzzugsgebaren der Stauferkaiser und knüpfen gleichermaßen an die auf Hegemonie im mitteleuropäischen Raum ausgerichtete Eroberungspraxis des am Davidstag heilig gesprochenen Karl des Großen an. Hitler schreckte vor nichts zurück, um seine Angriffsziele zu erreichen. Beim Ausbruch des Krieges mit Russland am 22. Juni 1941 gipfelte sein Aufruf an das „deutsche Volk" in der infamen Bezichtigung: „Allein seit über zwei Jahrzehnten hat sich die jüdisch-bolschewistische Machthaberschaft von Moskau aus bemüht, nicht nur Deutschland, sondern ganz Europa in Brand zu stecken."[43]

- Der Umsturzversuch vom 20. Juli 1944 um Claus Graf Schenk von Stauffenberg fand am 150. Jahrestag der ersten Annäherung zwischen Goethe und Schiller in Jena und ihrem Gespräch über Urpflanze und Metamorphose statt. Mehrere Teilnehmer des Kreisauer Kreises, dessen Tagungsort Kreisau (Schlesien) auf dem Hofgut von Helmuth Graf von Moltke mit dem benachbarten Schweidnitz und der Friedenskirche zur heiligen Dreifaltigkeit verflochten war, beteiligten sich an der Aktion. Die ethische Motivation der Widerstandskämpfer und Goethes und Schillers Ausführungen über Sittlichkeit und Ehrfurcht vor dem Leben bedingten anscheinend die dargestellte zeitliche Verknüpfung, die möglicherweise auch enge Verbindungen der Vorfahren Goethes zur Familie des Autors berücksichtigte. Eine vergleichbare ethische Motivation lag den Aktivitäten der Widerstandsgruppe „Die weiße Rose" zugrunde.

---

[42] Vgl. Helmuth Greiner (1951), S. 370 u. 371, sowie auch Johannes Hürter (2006), S. 3-13.
[43] Adolf Hitler (1941), S. 159.

- Am 22. Januar 1944 konstituierte sich auf Initiative des amerikanischen Präsidenten Roosevelt das War Refugee Board zur Rettung der tödlich bedrohten NS-Verfolgten in Europa unter Beteiligung des internationalen Widerstands. Der Präsident des Exekutivbüros des Boards regte am 8. November 1944 die Bombardierung von Auschwitz und Birkenau zur Befreiung der Häftlinge an, konnte sich jedoch nicht gegenüber der militärischen Führung der USA durchsetzen.[44] Otto Schäfer und weitere Familienangehörige legten von Wernigerode aus Kanäle in das Konzentrationslager Buchenwald bei Weimar. Die Erstürmung des Lagers ging mit Hilfe amerikanischer Truppe am 11. April 1945, 218 Jahre nach der Uraufführung der Matthäuspassion von Johann Sebastian Bach in der Leipziger Thomaskirche, vonstatten.[45]

- Die Invasionen der Alliierten am 8. November 1942 in Nordwestafrika und am 6. Juni 1944 an der Küste der Normandie in Frankreich deuteten enge Bezüge zur Friedensmoralität und zum historischen Befreiungskampf der Juden gegen die Römer 66 n. Chr. in Jerusalem an. In diesem globalen Kontext stand offenbar auch der amerikanische Atombombenabwurf über der japanischen Stadt Hiroshima am 6. August 1945, der nach einer weiteren Bombe auf Nagasaki die Kapitulation des Kaiserreichs Japan im Zweiten Weltkrieg einleitete. Der Jahrestag erinnert an die Niederlegung der römischen Kaiserkrone durch Franz II. und den Untergang des Heiligen Römischen Reichs im Jahr 1806.[46]

---

[44] Vgl. John Mendelsohn u. Donald S. Detwiler (1982), S. 102-104 u. 107-109.

[45] Vgl. Peter Wollny (2000), S. 29.

[46] Am 6. August 2008 findet die Aufführung von Giuseppe Verdis Oper Nabucco mit dem Ensemble der Schlesischen Staatsoper Bytom in Marburg a.d. Lahn statt, das insbesondere durch die heilige Elisabeth mit der verantwortlichen Friedensethik verknüpft ist.

4. Der Weg zur Deutschen Einheit: Mühselige Verständigung und friedliche Revolution

4.1 Entspannungsbemühungen von 1961-1989

Der Bau der Berliner Mauer ab 13. August 1961 bereitete den Absichten Adenauers ein jähes Ende, mit einer Verstärkung der Westintegration der Bundesrepublik die deutsche Wiedervereinigung zu erreichen. John F. Kennedy fand im Juni 1963 die treffenden Worte bei seiner Ansprache vor dem Schöneberger Rathaus, als er die Mauer als „die abscheulichste und die stärkste Demonstration für das Versagen des kommunistischen Systems" bezeichnete.[47]

Andere strategische Akzente setzte der Regierende Bürgermeister von Berlin, Willy Brandt, der mit seiner „Politik der kleinen Schritte" eine neue Ostpolitik einleitete. Als erste augenfällige Aktion vereinbarte der Berliner Senat mit den DDR-Behörden im Dezember 1963 ein befristetes Passierscheinabkommen für Westberliner Verwandtenbesuche über Weihnachten und Jahreswechsel in Berlin (Ost). Im 800. Jahr der Heiligsprechung Karls des Großen, 1965, gab es in der Bundesrepublik und in der Welt mehrere beachtenswerte Ereignisse, die sich auch an dem Versöhnungswerk des Karolingers orientierten und einige Bezüge zum Davids- und Marienmythos unter Einbeziehung von Holocaust, Widerstand, Abrüstung, Entspannung und Entkolonisierung aufwiesen:[48]

- Ausstellung des Europarats über Karl den Großen im Krönungssaal des Aachener Rathauses

---

[47] Vgl. Archiv der Gegenwart (1963), S. 10655.

[48] Vgl. dazu Archiv der Gegenwart (1965), S. 11669, 11844, 11871 u. 12014; sowie Akten zur Auswärtigen Politik der Bundesrepublik Deutschland (1975), S. 146, Fn. 22.

- Urteile im Frankfurter Auschwitz-Prozess gegen Mitglieder der Wachmannschaften des Konzentrations- und Vernichtungslagers

- Aufnahme diplomatischer Beziehungen zwischen der Bundesrepublik und Israel

- Friedenspreis des Deutschen Buchhandels an die von den Nationalsozialisten verfolgte Schriftstellerin Nelly Sachs

- Tagung des Zentralausschusses des Weltkirchenrats (auch: Ökumenischer Rat der Kirchen) erstmals in Afrika (Nigeria)

- Beschluss der UN-Vollversammlung zur Einberufung einer Weltabrüstungskonferenz

- Staatsbesuch von Königin Elisabeth II. in der Bundesrepublik

- Einführung der kanadischen Nationalflagge mit dem roten Ahornblatt am 15. Februar 1965, sechs Monate vor Dormitio Mariae.

Diese Ereignisse beeinflussten auf kürzere oder längere Sicht auch das Verhältnis der Bundesrepublik zur DDR und zu anderen Ländern Mittel- und Osteuropas.

Die Große Koalition unter Kurt Georg Kiesinger (1966-69) setzte keine nennenswerten eigenständigen Entspannungsakzente, leistete aber Schrittmacherdienste für die Dentente der Sozialliberalen Koalition unter Willy Brandt und Walter Scheel (1969-74). Im März und Mai 1970 fanden die ersten innerdeutschen Gipfeltreffen zwischen Willy Brandt und dem Vorsitzenden des DDR-Ministerrats Willy Stoph in Erfurt und Kassel statt. Ihnen folgte die Verabschiedung der Ostverträge mit Moskau (1970), Warschau (1970) und Prag (1973) sowie 1971 das Viermächteabkommen über Berlin, das Transitabkommen und der Vertrag über den Reise- und Besuchsverkehr. Von besonderer Relevanz war auch der Grundlagenvertrag vom 21. Dezember 1972, paraphiert am 8. November des Jahres, der die gegenseitige Anerkennung der Souveränität zwischen der Bundesrepublik und der DDR regelte und einen beiderseitigen Gewaltverzicht festschrieb. Er schuf die Voraussetzungen für die Mitgliedschaft beider deutscher Staaten in den Vereinten Nationen im Jahr 1973, deren zahlreichen Organisationen die Bundesrepublik bereits seit den fünfziger Jahren angehörte. Äußerst wertvoll für die künftigen Entspannungsbemühungen war die von 35 Staaten in Helsinki unterzeichnete KSZE-Schlussakte vom 1. August 1975. Für die Bundesrepublik ebneten Bundeskanzler Helmut Schmidt und Außenminister Hans-Dietrich Genscher den Weg für das Vertragswerk, das mit dem 1000. Jubiläum des Mainzer Doms zusammenfiel.

Zunächst spitzte sich jedoch der Ost-West-Konflikt gegen Ende der siebziger Jahre bis zum Regierungsantritt Michail Gorbatschows 1985 zu, da die UdSSR ihre Überlegenheit bei Mittelstreckenraketen nicht abbauen wollte. Nach dem NATO-Doppelbeschluss vom 12. Dezember 1979, ergebnislos verlaufenden Abrüstungsverhandlungen, der Stationierung amerikanischer Pershing II und Cruise-Missiles in der Bundesrepublik und sowjetischer SS-20 in der DDR verdeutlichte er nachdrücklich Risiken und Bedrohungspotential eines Atomkriegs. Dies führte in der DDR zur Etablierung der ersten Friedensdekaden der evangelischen Kirchen vom 9. - 19. November 1980 und 8. - 18. November 1981 mit den Mottos „Frieden schaffen ohne Waffen" und „Gerechtigkeit – Abrüstung – Frieden". Lesezeichen und Ärmelaufnäher mit einer Abbildung der von der UdSSR gestifteten Plastik „Schwerter zu Pflugscharen" für den UNO-Park in New York dienten als Symbol der Friedensinitiativen.[49] Etwa zur gleichen Zeit organisierten sich ökologische Vereinigungen und Dritte-Welt-Gruppen und verstärkten das Protestpotential, das sich insbesondere unter Schriftstellern und Künstlern nach der Ausbürgerung des Liedermachers Wolf Biermann (1976) gebildet hatte.

---

[49] Vgl. Anke Silomon (1999), S. 49.

Gorbatschows Reformpolitik mit mehr Offenheit und Transparenz bei allen staatlichen Entscheidungen stählte auch in der DDR die oppositionellen Kräfte gegen den übermächtigen Staatsapparat. Das breit angelegte Kulturabkommen zwischen der Bundesrepublik und der DDR vom 6. Mai 1986 stieß insofern auf fruchtbaren Boden und förderte, zusammen mit den im gleichen Jahr anlaufenden deutsch-deutschen Städtepartnerschaften, den Entspannungsprozess.[50] Bis zum Fall der Berliner Mauer stieg die Anzahl der Partnerschaften, u.a. zwischen Eisenhüttenstadt und Saarlouis (6. Oktober 1986), Leipzig und Hannover (23. Juni 1987), Naumburg und Aachen (30. Mai 1988), Eisenach und Marburg (10. Juni 1988) sowie Potsdam und Bonn (6. März 1989) auf rund 60 an. Das gemeinsame kulturelle Erbe der Städte war in der Regel ausschlaggebend für die partnerschaftlichen Verbindungen. In einigen Fällen entfachte es ein ausgedehntes Zusammengehörigkeitsgefühl, das sich äußerst vorteilhaft auf den deutschen Einigungsprozess auswirkte. Bei Naumburg und Aachen war die Karlsgeschichte das Bindeglied. Passionsreliefs am Westlettner und Stifterfiguren im Westchor des Naumburger Doms St. Peter und Paul stammen allem Anschein nach aus der gleichen Bildhauerwerkstatt wie vollendete Kunstwerke der eng mit dem Karolinger und seinen Nachfolgern verbundenen Kathedralen von Noyon, Reims, Amiens und Metz und auch des Mainzer Doms.[51] Bei Marburg und Eisenach ist das gemeinsame Luther- und Elisabetherbe hervorzuheben. Die Eisenacher Georgenkirche steht zudem beispielhaft für die große Tradition zahlreicher Regionen in der früheren DDR: Johann Sebastian Bach wurde hier getauft, Martin Luther war in der Kirche als Prediger tätig.

Das Jahr 1987 zeichnete sich aus durch faszinierende internationale Darbietungen anlässlich der Jubiläumsfeierlichkeiten „750 Jahre Berlin" in beiden Teilen der getrennten Stadt. Musiker,

---

[50]   Vgl. Heinrich Windelen (Bundesminister) (1989), S. 12.
[51]   Vgl. DKV-Kunstführer (2007), S. 19.

Künstler und Sportler reichten sich die Hände und machten den weltpolitischen Dreh- und Angelpunkt Berlin zur leider voneinander geschiedenen Bühne der Nationen in Ost und West. Der amerikanische Präsident Ronald Reagan appellierte im Juni 1987 in einer eindringlichen Rede vor dem Brandenburger Tor an Gorbatschow, das Tor zu öffnen und die Mauer niederzureißen. Einige Monate später, am 8. Dezember, unterzeichneten er und Gorbatschow in Washington den Vertrag über die Beseitigung aller atomaren Mittelstreckenwaffen und lancierten damit entscheidend die weltweite Abrüstungspolitik. Etliche europäische Regierungschefs und verantwortungsvolle Politiker schlossen sich in der Folge diesen Entspannungsbemühungen an und forcierten den Ost-West-Dialog. Am 1. November 1988 wurde der Internationale Karlspreis zu Aachen an den französischen Präsidenten François Mitterrand und Bundeskanzler Helmut Kohl verliehen. Bundespräsident Richard von Weizsäcker bezeichnete es in seiner Laudatio als Pflicht der freien Völker, sich am Versuch einer systemöffnenden Kooperation aktiv zu beteiligen, um „die Ziele der Schlussakte von Helsinki mit Leben zu erfüllen, Freizügigkeit für Menschen, Ideen und Informationen zu fördern, einer humanen Friedensordnung in Europa näherzukommen".[52] Der Internationale Karlspreis mit der Würdigung des mittelalterlichen Kaisers und Europäers, in dessen Tradition sich auch die DDR, Ungarn, Polen, die Tschechoslowakei und einige Teilrepubliken Jugoslawiens sahen, eignete sich trefflich, um den Ostblockstaaten eine völkerverbindende und –versöhnende europäische Vision zu vermitteln.

Einen bedeutenden Part bei dieser Abfolge verkörperte auch die auf Harmonie und Frieden ausgerichtete Darbietung klassischer und zeitgenössischer Musik. Im Juli 1988 führten Musiker aus 39 ost- und westeuropäischen Symphonie-Orchestern unter Leitung von Antal Dorati und der Chor der Universität von Maryland auf einer Konzertreise für den Frieden Beethovens

---

[52]   Vgl. Richard von Weizsäcker (1988), S. 4.

„Missa Solemnis" in Berlin (West), Moskau, Dresden und London auf. Am 14. Juli 1989, im 200. Jubiläumsjahr der französischen Revolution, markierten zwei herausragende künstlerische und ästhetische Ereignisse in der DDR den Beginn der friedlichen Revolution: Im Ostberliner Schauspielhaus spielte das Orchester des Schleswig-Holstein Musik-Festivals mit Leonard Bernstein Werke von Mendelssohn-Bartholdy, Debussy und Berlioz. In der Deutschen Staatsoper Berlin und nahezu zeitgleich in den Opernhäusern von Karlsruhe und Essen ging die Uraufführung der Oper von Siegfried Matthus „Graf Mirabeau" über die Bühne. Die Aufführungen standen auch in Beziehung zur Stadt Herborn, die am 14. Juli 1968 eine Städtepartnerschaft mit der südfranzösischen Stadt Pertuis (Dep. Vaucluse, Provence) eingegangen war. Das Stammschloss der Familie des eng mit der französischen Erklärung der Menschen- und Bürgerrechte verknüpften Protagonisten der Oper liegt in der Gemeinde Mirabeau im Kanton Pertuis. Schon drei Jahre vor den Opernaufführungen fand im 200. Todesjahr des Preußenkönigs Friedrich II. der 26. Hessentag in Herborn statt und vernetzte anlässlich des bedeutenden Landesfests die Ost-West-Entspannung mit dem europäischen Kulturerbe und dem Widerstand gegen die Nationalsozialisten. Dies unterstrich auch den gesamtdeutschen Nimbus Friedrichs, der in der fünften Generation allein viermal von Wilhelm I. von Oranien abstammte.[53] In dieser auf Versöhnung angelegten Kohärenz stand auch die Städtepartnerschaft zwischen der rheinland-pfälzischen Landeshauptstadt Mainz und der israelischen Stadt Haifa, die im Berliner Jubiläumsjahr 1987 am Geburtstag des Autors unterzeichnet wurde.

---

[53] Vgl. Henning Hofmann (1986), S. 43.

4.2 Flüchtlingshilfe durch Ungarn, Polen und die ČSSR

Ohne die aufgeschlossene Haltung Ungarns, Polens und der Tschechoslowakei gegenüber Fluchtbewegungen aus der DDR wäre der Fall der Berliner Mauer im November 1989 sicherlich nicht möglich gewesen. Die Außenminister Ungarns und Österreichs, Gyula Horn und Alois Mock, zerschnitten am 27. Juni 1989, sechs Monate vor dem katholischen Gedenktag an Apostel Johannes, mit einer eindrucksvollen öffentlichen Symbolhandlung den Eisernen Vorhang zwischen den beiden Ländern. Die einsetzende Massenflucht der DDR-Bürger führte ab Mitte August 1989 in Budapest und Umgebung zur Entstehung immenser Flüchtlingslager. Am 19. August gelang über 600 Personen die Flucht in den Westen. Sie nutzten ein von der Paneuropa-Union und dem Ungarisch-Demokratischen Forum veranstaltetes Picknick bei Ödenburg (Sopron) für ihr Entkommen, als Ungarn die Grenze nach Österreich für einige Stunden öffnete. Einige Tage danach, am 11. September, erfolgte die endgültige Grenzöffnung zur freien Ausreise, die das Freiheitsstreben der DDR-Bürger maßgeblich unterstützte.[54]
In den Monaten von August bis Oktober nahmen auch die Botschaften der Bundesrepublik in Prag, Budapest und Warschau Tausende von DDR-Bürgern auf. Zeitweise mussten sie wegen völliger Überfüllung schließen. Die erheblich unter Druck geratene DDR-Führung stimmte letztlich zu, dass über 6.000 Prager und Warschauer Botschaftsflüchtlinge mit Zügen der Deutschen Bundesbahn über die DDR ausreisen konnten. Der von Hans-Dietrich Genscher am 30. September vom Balkon der Prager Botschaft verkündeten Befreiungsaktion folgte am 3. Oktober eine zweite Sonderzugkampagne mit über 7.500 Flüchtlingen. Bei dramatisch anhaltender Fluchtaktivität gestattete die DDR-Regierung am 3. November die direkte Ausreise über die Tschechoslowakei in die Bundesrepublik. Bis zum Mittag des 6. Novembers nutzten etwa 23.000 Personen diese Gelegenheit.

---

54   Vgl. Michael Gehler (2004), S. 39.

Vorhaltungen der tschechoslowakischen Regierung zwangen anschließend die DDR-Führung, eine direkte und problemlose Ausreise aus ihrem Territorium zu ermöglichen. Seit Januar 1989 waren schon über 225.000 DDR-Bürger in die Bundesrepublik geflohen oder übergesiedelt. Etliche stammten aus den erheblich umweltbelasteten Chemie- und Industriestandorten Sachsens, Thüringens und Sachsen-Anhalts.

4.3 Der 9. Oktober und 9. November 1989 und die deutsche Wiedervereinigung

Die unaufhaltsam wirkenden Kräfte der Friedens- und Umweltschutzbewegung entfachten unter engagierter Mitwirkung der Kirchen eine phantastische revolutionäre Eigendynamik und zogen immer mehr Bürger in ihren Bann. Massendemonstrationen fanden zunächst in Leipzig und später auch in anderen Städten der DDR statt. In Weimar endeten die Massendemonstrationen an dem Denkmal mit den in Bronze gegossenen Dichterfreunden Goethe und Schiller vor dem Nationaltheater. Die beiden großen deutschen Poeten dienten als Symbole für freiheitliche Bürgerhoffnungen und die Beseitigung des Missbrauchs von Menschenrechten. An den Demonstrationen in Leipzig im Anschluss an die Friedensgebete in der Nikolaikirche nahmen im September Tausende und im Oktober Hunderttausende von Bürgern teil. Ihr Engagement erhielt durch die Gründungsaufrufe von Bürgerinitiativen und –gruppierungen ab Anfang September und die massiven Fluchtbewegungen zusätzlichen Antrieb.

Vom 5. bis 7. Oktober 1989 fanden in Anwesenheit von Michail Gorbatschow und rund 70 Abordnungen aus aller Welt die 40-Jahr-Feierlichkeiten der DDR statt. Zahlreiche Bürger nutzten sie zur größten, von etlichen Festnahmen und gewaltsamen Polizeiübergriffen begleiteten Protestaktion seit dem Volksaufstand am 17. Juni 1953.[55] Aufrufe zur Gewaltfreiheit und kirchliche Aktivitäten bewirkten am 9. Oktober erstmals einen von ausufernden Willkürmaßnahmen der Polizei- und Sicherheitskräfte ungehinderten Verlauf der Großdemonstration in Leipzig. In Dresden engagierte sich gleichzeitig die Gruppe der 20 für die Bürgerrechte und erreichte ebenfalls einen friedlichen Demonstrationsverlauf bei Verhandlungen mit dem Oberbürgermeister der Stadt. Der Tag erwies sich als Meilenstein der deutsch-deutschen Annäherung, da auch bei den nachfolgenden Protestaktionen gewaltsame Übergriffe der Staatsorgane unterblieben.

Die theologische Bedeutung des 9. Oktobers ist unbestritten als Gedenktag der katholischen und orthodoxen Kirche an den biblischen Erzvater Abraham, den Juden und Muslime gleichermaßen hoch verehren. Sein friedliebender Gehalt führte u.a. 1850 zur feierlichen Enthüllung der Bavaria in München, 1888 zur öffentlichen Freigabe des Washington Monument (weißer Marmor-Obelisk) und 1971 zur Einweihung des Karl-Marx-Monuments in Chemnitz (damals Karl-Marx-Stadt). Auch die Königskrönung Karls des Großen am 9. Oktober 768 in Noyon steht vermutlich in dieser Tradition. 1989, im Jahr der Wende, wurde er u.a. für folgende besondere Ereignisse genutzt:

- 15. Antarktiskonferenz vom 9. bis 21. Oktober in Paris

- 1. Internationale Alpenkonferenz vom 9. bis 11. Oktober in Berchtesgaden

- Bekanntgabe der beiden amerikanischen Nobelpreisträger für Medizin in Stockholm.

In Karlsruhe, der Residenzstadt des Rechts, fand am 9. Oktober 1989 der Gründungsakt der Händel-Gesellschaft Karlsruhe e.V. statt. In der Partnerstadt Halle (Saale) (seit 1987), dem Geburtsort Händels, gründete sich die Georg-Friedrich-Händel-Gesellschaft e.V. bereits am 23. April 1955. Die größte Stadt Sachsen-

---

[55]   Vgl. Archiv der Gegenwart (1989), S. 33865-33868.

Anhalts ist als Siedlung in der Chronik von Moissac (Südfrankreich) bei der Errichtung eines Kastells durch Karl den Jüngeren, einen Sohn Karls des Großen, 806 das erste Mal urkundlich erwähnt.[56] Die Städtepartnerschaft von Leipzig und Hannover könnte ebenfalls die gewaltfreie Entwicklung beeinflusst haben. Hannover, Patenstadt von Hiroshima und zu dieser Zeit aussichtsreiche Bewerberstadt um die Weltausstellung 2000, erfüllte als städtischer Symbolträger nahezu beispiellos die mehrfach verlautbarten Vorstellungen Gorbatschows und Schewardnadses von einer Welt ohne Atomversuche und Nuklearwaffen bis zur Jahrhundertwende. Dies bewegte eventuell auch führende DDR-Politiker, die gewalttätigen Übergriffe gegen die Demonstranten in Leipzig zu verhindern.

Nach sich immer weiter ausbreitenden Protesten und der von Rücktritten des Ministerrats und des Politbüros begleiteten Kritik an einem am 6. November veröffentlichten Reisegesetzentwurf beschloss die amtierende DDR-Regierung am 9. November 1989, Privatreisen und ständige Ausreisen über alle Grenzübergangsstellen der DDR zur Bundesrepublik bzw. nach Westberlin ohne Vorliegen von Voraussetzungen kurzfristig zu genehmigen und die Regelung mit sofortiger Wirkung in Kraft zu setzen.[57] Die ohne jegliche Vorbereitung erfolgte Verkündung der sofortigen Öffnung der Grenze am 9. November gegen 19.00 Uhr vor der internationalen Presse und im DDR-Fernsehen führte zu einem Massenauflauf von passierwilligen DDR-Bürgern an den Grenzübergangsstellen in Ost-Berlin. Ihrem Drängen beugten sich schließlich die über die neue Reiseregelung nicht offiziell informierten Sicherheitskräfte und Grenztruppen und ließen nach entsprechenden Ermittlungen die Massen noch am späten Abend ohne weitere Formalitäten die

---

[56] Vgl. dazu Bernd Hofestädt (2006), S. 30, sowie Gesellschaft der Freunde der Landwirtschaftlichen Fakultät e.V. (Hrsg.) (2006), S. 8.
[57] Vgl. Hanns Jürgen Küsters u. Daniel Hofmann (1998), S. 504.

Grenze überqueren. Sie schritten auch nicht ein, als die Mauer fiel.

Auch der 9. November war für eine versöhnliche Regelung wie kaum ein anderer Tag prädestiniert. Im Planungskalkül der politischen Entscheidungsträger spielte er deshalb stets eine besondere Rolle. Sowohl in der Bundesrepublik als auch in der DDR gedachte man an diesem Tag der Reichskristallnacht von 1938, in der neben zahlreichen Tötungen, Verschleppungen und Zertrümmerungen nahezu 200 Synagogen geschändet und in Brand gesetzt wurden. Das dem jüdischen Chanukka-Fest nahestehende jährliche Weihefest der Lateranbasilika in Rom am 9. November und der Beitritt Kanadas zu den Vereinten Nationen sieben Jahre nach dem Pogrom am 9. November 1945 betonen seine hohe ethische Wertigkeit. Einige besondere Ereignisse belegen die frühzeitige Einbindung des Tages und seines Umfelds in den deutsch-deutschen Versöhnungsprozess und die internationale Friedensgestaltung:

- Am 9. November 1987 verständigten sich in Ost-Berlin die Regierungen der beiden deutschen Staaten auf rund 100 Vorhaben der kulturellen Zusammenarbeit für 1988/89.[58]

- Der Rechtsausschuss des Europäischen Parlaments tagte am 9. November 1989 in Berlin.

- In Rostock, der Stadt mit der Kirche St. Marien als Herz der friedlichen Revolution, fand am Tag der Maueröffnung eine Bürgerdemonstration mit rund 40.000 Teilnehmern statt.[59]

- In Jordanien kamen am 8. November 1989 erstmals seit 22 Jahren wieder Parlamentswahlen zustande. Die durch die Ost-West-Entspannung ermöglichte massenhafte Auswanderung osteuropäischer Juden nach Israel bot einem parlamentarisch gestärkten Jordanien neue Perspektiven für Friedensverhandlungen im Nahen Osten. Da der frühere

---

[58] Vgl. Dorothee Wilms (Bundesminister) (1989), S. 25.
[59] Vgl. Ingo Richter u.a. (1999), S. 158.

Abbasidenherrscher Harun al-Raschid zur Sippe der Haschimitendynastie gehört, die das jordanische Königshaus bildet, offenbart dieses Ereignis auch einen Bezug zum mit dem Karlsmythos verbundenen europäischen Vereinigungswerk.

- In Peking tagte vom 6. bis 9. November 1989 das Zentralkomitee der Kommunistischen Partei Chinas. Das Plenum akzeptierte nach den gewaltsam beendeten Demonstrationen auf dem Platz des Himmlischen Friedens am 4. Juni 1989 den Rücktritt von Deng Xiaoping als Vorsitzender der Zentralen Militärkommission und ernannte Parteichef Jiang Zemin zu seinem Nachfolger. Auf die bedeutenden chinesischen Partnerstädte von Leipzig bzw. Rostock (seit 1988) Nanjing, von 1927 bis 1949 Hauptstadt der chinesischen Republik, und Dalian, wichtiger Marinestützpunkt Chinas, wird verwiesen. Im Vorfeld zur Städtepartnerschaft zwischen Dortmund, dessen Stadtgründung der Tradition nach auf Karl den Großen zurückgeht, und der chinesischen Stadt Xi'an (vgl. S. 12), die der Volkskongress Xi'ans bereits am 1. März 1989 gebilligt hatte, hielt der Verfasser am 15. Dezember 1989 einen Vortrag über vorsorgenden europäischen Umweltschutz vor der Industrie- und Handelskammer zu Dortmund. Die Veranstaltung stand unter der Schirmherrschaft des Vizepräsidenten des Europäischen Parlaments, Hans Peters.

Nach dem Fall der Berliner Mauer, der Zerschlagung des Stasi-Apparats, dem Einverständnis Gorbatschows zur NATO-Mitgliedschaft eines vereinten Deutschlands und zum Abzug der sowjetischen Streitkräfte, den ersten freien Wahlen zur Volkskammer, dem Einigungsvertrag und weiteren innen- und außenpolitischen Verhandlungen sandte Helmut Kohl am parlamentarisch vereinbarten 3. Oktober 1990 an die Regierungen der Welt die Botschaft: „Mit dem heutigen Tag ist das deutsche Volk in Frieden und Freiheit wiedervereint." Am gleichen Tag wurde das vereinigte Deutschland von den vier Mächten Frankreich,

Großbritannien, den USA und der Sowjetunion in die volle staatliche Souveränität entlassen. Vor dem Staatsakt in der Philharmonie fand in der Ostberliner Marienkirche ein ökumenischer Gottesdienst statt.

5. Der 1989er Umbruch in den anderen mittel- und osteuropäischen Staaten

5.1 Nationale Umbruchsphasen

In fast allen mittel- und osteuropäischen Staaten gab es eine Reihe von Gemeinsamkeiten bei der überwiegend 1989 sich ereignenden politischen Umwälzung. Zu nennen sind insbesondere:

- die oppositionellen Forderungen nach demokratischen Reformen unter Berufung auf die KSZE, unterstützt von massiven Bürgerprotesten und Demonstrationen

- der systematische Zerfall der kommunistischen Systeme

- das Streben nach staatlicher Souveränität.

In der spezifischen Ausformung und im Verlauf der meist friedlich verlaufenden Volkserhebungen traten jedoch erhebliche Unterschiede auf. Dies galt auch für die Zeit nach der Umsturzbewegung. Die demokratische Umformung des Staatsapparats, Stabilitäts- und Identitätskrisen und die Einführung von marktwirtschaftlichen Mechanismen führten in der Mehrzahl der Staaten zu mehrjährigen Konsolidierungsphasen, die zum Teil weit in die neunziger Jahre reichten. Den 1989er Umbruch vollzogen als erste Ungarn und Polen. Wenige Tage nach dem Fall der Berliner Mauer folgten die ČSSR und Rumänien.

Das kommunistische Regime in Ungarn billigte bereits in den siebziger Jahren eine Reihe wirtschaftlicher Eigeninitiativen und kultureller Privilegien. Die Aufnahme des Landes in den Internationalen Währungsfonds und die Weltbank (1982) führte 1983 zu erweiterten ökonomischen Liberalisierungsmaßnahmen und 1987/88 zu schrittweisen Reformen insbesondere im Banken- und Steuersektor und bei der Gründung privater Unternehmen.[60]

---

[60] Vgl. Michael Gehler (2004), S. 38 u. 39.

Ein KSZE-Kulturforum 1985 in Budapest und die Eröffnung eines Kultur- und Informationszentrums der Bundesrepublik in der ungarischen Hauptstadt im März 1988 durch Bundesaußenminister Genscher lockerte die starren kommunistischen Strukturen weiter auf und förderte die außenpolitische Entfaltung im Gleichklang mit der Glasnost-Politik Gorbatschows. Im letzten Quartal 1988 wirkten auch ein Wirtschaftsabkommen mit der EG, ein Vortrag von Gyula Horn vor NATO-Parlamentariern und ein Umweltabkommen mit der Bundesrepublik bahnbrechend. Der Gründung des Bundes Junger Demokraten (FIDESZ) am 30. März 1988 folgten im gleichen Jahr Grundlegungen einer Umweltschutz-Vereinigung, des Demokratischen Forums, des Bundes Freier Demokraten, einer jüdischen Kulturvereinigung und der Liga der Unabhängigen Demokratischen Gewerkschaften. Die politische Legitimation erlangten die Organisationen durch ein im Januar 1989 vom Parlament verabschiedetes Vereins- und Versammlungsgesetz, das die Gründung politischer Parteien erlaubte. Ende September 1989 beschloss das Parlament nach viermonatigen Plenarberatungen des Runden Tisches (Dreieckstisch) demokratische Reformgesetze zum freizügigen Reiseverkehr und zum Straf- und Justizrecht mit adäquater Berücksichtigung der Menschenrechte. Besuche von Bundesaußenminister Genscher im Juni, US-Präsident Bush im Juli und des spanischen Ministerpräsidenten Felipe González im November 1989 unterstützten das Bestreben des ungarischen Volks nach Freiheit und Demokratie und einen weitgehend harmonischen und friedlichen Systemwechsel. Am 23. Oktober 1989, dem 33. Jahrestag des Volksaufstands von 1956, rief Parlamentspräsident Mátyas Szűrös die Republik Ungarn aus.[61] Die freien Wahlen zur Nationalversammlung fanden im März und April 1990 statt.

Die Wahl des Erzbischofs von Krakau, Karol Wojtyla, zum Papst Johannes Paul II. im Oktober 1978 und die Gründung des

---

[61]   Vgl. Georg Brunner (Hrsg.) (1993), S. 218.

Dachverbands unabhängiger Gewerkschaften Solidarność am 17. September 1980 gehörten zu den herausragenden Ereignissen in der zweiten Hälfte des 20. Jahrhunderts, die Polen und die Welt verändern sollten. Dem Zusammenschluss der Gewerkschaftler unter dem Vorsitz Lech Walesas war eine massive Streikwelle wegen Preiserhöhungen, Entlassungen und anderen Sozialforderungen vorausgegangen. Das offizielle Gründungsdatum der Solidarność, zwei Jahre nach der Unterzeichnung des Abkommens von Camp David in Washington am 17. September 1978 durch den israelischen Ministerpräsidenten Menachem Begin, den ägyptischen Präsidenten Mohammed Anwar as-Sadat und den amerikanischen Präsidenten Jimmy Carter, verdeutlicht einen engen Bezug zu einem weiteren epochalen Friedensvertrag der Weltgeschichte. Genau 300 Jahre vor dem Camp David-Abkommen befriedeten sich Frankreich und Spanien am 17. September 1678 in Nimwegen, verbunden mit einem umfassenden Versöhnungswerk in der holländischen Stadt nach dem französisch-niederländischen Krieg. Nimwegen war in seinen Ursprüngen ein alter römischer Militärstützpunkt, auf dessen Anlagen und Fundamenten Karl der Große 777 eine seiner bedeutenden Pfalzbauten errichtete. Im einstigen Königspalast von Versailles bei Paris ziert das Gewölbe des mit der französischen und deutschen Geschichte untrennbar verbundenen Spiegelsaals ein kolossales Deckengemälde. Es stellt die Regentschaft des französischen Sonnenkönigs Ludwigs XIV. bis zum Frieden von Nimwegen dar, der begrenzt auch als europäischer Friede bezeichnet werden kann.

Die nach Freiheit und Unabhängigkeit strebende Solidarność ließ sich bei ihrem Gründungsakt von der europäischen Friedens- und Versöhnungsidee leiten. Auch die Demokratiebewegung in Spanien nach dem Tod Francos im November 1975 und die Wahl eines Polen zum Papst dürfte die Gewerkschaftler beeinflusst haben. Sie rekonstruierten die revolutionäre Vergangenheit des polnischen Volks im Vormärz 1830/31 beim niedergeschlagenen Aufstand gegen die russische Unterdrückung und gedachten dabei der Pariser Julirevolution von 1830, des „Nati-

42

onalfestes der Deutschen" auf dem Hambacher Schloss mit zahlreichen polnischen und französischen Teilnehmern (1832) und der zeitgleichen Emigration Tausender von Polen nach Frankreich. Die nach Paris emigrierten deutschen Schriftsteller Ludwig Börne und Heinrich Heine berichteten ausgiebig über diese sich durch europäische Solidarität auszeichnende Periode.[62] Das grenzüberschreitende Gemeinschaftsgefühl sollte 150 Jahre später erneut zum Ausdruck kommen. Nach der Ausrufung des Kriegszustands durch das polnische Militärregime, der Verhaftung führender Gewerkschaftler und dem Verbot der Solidarność in den Jahren 1981 und 1982 bekundeten zahlreiche deutsche und französische Organisationen ihre Sympathie mit dem unterdrückten polnischen Volk, z.B. anlässlich einer Massendemonstration in Paris mit über 50.000 Teilnehmern.[63] Johannes Paul II. bemühte sich in der angespannten Situation beharrlich um eine demokratische Lösung und nutzte seine Besuche in der polnischen Heimat, um gegenüber den Machthabern ganz entschieden auf die Einhaltung der Menschenrechte hinzuweisen.[64] Im August 1988 kam es zu Vorverhandlungen zwischen der kommunistischen Führung und Vertretern der noch verbotenen Solidarność, die den Weg zu Gesprächen am Runden Tisch ebneten. Nach erneuter Zulassung des Dachverbands unabhängiger Gewerkschaften im April und halbdemokratischen Wahlen am 4. und 18. Juni 1989 gewann die Demokratie allmählich die Oberhand. Die Opposition errang einen überwältigenden Sieg und der Sejm wählte im August 1989 den katholischen Publizisten Tadeusz Marzowiecki, einen Weggefährten Lech Walesas, zum ersten nicht kommunistischen Ministerpräsidenten seit 1947. Staatsbesuche der britischen Premierministerin Margaret Thatcher vom 2. bis 4. November 1988, von François Mitterrand mit sechs Ministern am 15. Juni

---

62 Vgl. Auswärtiges Amt (2006): Gemeinsame Website des Auswärtigen Amts und des Polnischen Außenministeriums Ausstellung Solidarno ... 1830, S. 1 u. 2.

63 Vgl. Josef Jurt (2003), S. 282.

64 Vgl. Archiv der Gegenwart (1987), S. 31144.

und von George Bush am 10. Juli 1989 unterstützten den friedlichen Prozess. Hilfreich war auch ein Handelsabkommen zwischen der EG und Polen am 9. August bzw. 20. September und eine Garantie für Polens und Ungarns Anleihen bei der Europäischen Investitionsbank im Oktober 1989.[65]

Die Bürgerrechtler in der Tschechoslowakei nutzten ebenfalls das europäische Kulturerbe, um bereits bei ihren frühen Aktionen friedvolle Verknüpfungen zu schmieden. Mit dem Autor verflochten sind die Wahl Ludvik Svobodas auf Vorschlag der Reformer des Prager Frühlings zum Staatspräsidenten am 30. März 1968 und Bezüge von Hauptakteuren der Charta 77 zum Gedankengut des Pädagogen, Philosophen und Weltbürgers Jan Amos Comenius (1592-1670), der in Herborn und Heidelberg studierte. Im Juli 1985, am elfhundertsten Todestag des heiligen Method, beteiligten sich 150.000 Menschen an einer Wallfahrt zum Zisterzienserkloster in Velehrad in Südmähren. Das Kloster ist den beiden Slawenaposteln Method und Cyrill geweiht, die der Vatikan 1980 zu Patronen Europas ernannte. Die Gläubigen bekannten sich während des sakralen Rituals mit beispielloser Geschlossenheit zum Papst, zur Kirche und zur geistigen Erneuerung und widersetzten sich den Bemühungen der kommunistischen Parteiführung, die Veranstaltung in ein politisches „Friedensfest" umzufunktionieren.[66] Unter Ministerpräsident Ladislaw Adamec öffnete sich die ČSSR seit Oktober 1988 zu behutsamen Wirtschaftsreformen, unterdrückte aber weiterhin die Proteste der Bevölkerung. Bei ihren Gesprächen in der Tschechoslowakei versuchten Helmut Kohl, François Mitterrand und Hans-Dietrich Genscher 1988/89 auf eine Entspannung hinzuwirken. Ein Handelsabkommen zwischen der ČSSR und der EG (Dezember 1988) und eine Umweltministerkonferenz in Prag (Ende Mai 1989) unter Beteiligung von ČSSR, Bundesrepublik, DDR, Österreich, Polen, Ungarn und UdSSR diente

---

[65]   Vgl. Ruth U. Henning (Red.) (1999/2000), S. 28-38.
[66]   Vgl. Beata Blehova (2006), S. 120 u. 121.

ebenfalls der politischen Öffnung. Dennoch kam es immer wieder zu politischen Spannungen und unhaltbaren Situationen. So durfte beispielsweise der Bürgerrechtler und spätere Präsident der ČSSR/ ČSFR und Tschechischen Republik, Václav Havel, den Friedenspreis des Deutschen Buchhandels 1989 nicht persönlich entgegennehmen. Die ab August sich ständig ausweitenden Demonstrationen eskalierten am 17. November 1989 bei einer Gedenkkundgebung an den Prager Studenten Jan Opletal, den die Nationalsozialisten 50 Jahre vorher ermordet hatten.[67] Die gewaltsame Auflösung der Veranstaltung durch Polizei und Sicherheitskräfte führte zu Protesten von Hunderttausenden von Bürgern. Am 19. November kam es zur Gründung eines Bürgerforums aus Vertretern der Charta 77 und der slowakischen Vereinigung „Öffentlichkeit gegen Gewalt", die die sanfte Revolution in die Wege leiteten. Rücktritte von Politbüro, Zentralkomitee und Ministerpräsident Adamec evozierten eine von der Opposition beherrschte Koalitionsregierung am 10. Dezember und nach Abdankung von Staatspräsident Husák am 29. Dezember die Wahl vom Václav Havel zu dessen Nachfolger. Alexander Dubcek, Symbolfigur des Prager Frühlings, residierte seit Ende November als Parlamentspräsident und begleitete verantwortlich die weiteren Reformen zum demokratischen Neubeginn, die letztendlich zur Auflösung des gemeinsamen Staates der Tschechen und Slowaken führten.

In Rumänien vollzog sich ein blutiger Machtwechsel. Das kommunistische Regime unter Nicolae Ceauşescu lehnte Gorbatschows Reformkurs entschieden ab und wurde 1989 von den EG-Außenministern und der parlamentarischen Versammlung des Europarats wegen Vergehen gegen die Menschenrechte massiv kritisiert. In der Zeit vom 16. - 22. Dezember 1989 kam es zu einem gewaltsam bekämpften Volksaufstand und Straßenkämpfen, die zur Verhaftung des Diktators führten. Über 1.000

---

[67] Vgl.Michael Gehler (2004), S. 42.

Menschen fanden bei den Unruhen den Tod.[68] Die von einem Militärgericht angeordnete Hinrichtung Ceauşescus am 25. Dezember wurde zwei Tage später vom Fernsehen ausgestrahlt. Die erhoffte Beruhigung der innenpolitischen Lage unter der neuen Regierung der „Nationalen Rettungsfront", der späteren Partei der Sozialen Demokratie Rumäniens (PDSR) mit Jon Iliescu als Staatschef, erwies sich als mühsam und langwierig. Erneute antikommunistische Demonstrationen, Bergarbeiterunruhen und die desolate wirtschaftliche Situation erschwerten den Konsolidierungsprozess.

In Bulgarien entstanden Ende 1988, Anfang 1989 die ersten Menschenrechts- und Umweltgruppen zur Unterstützung von Gorbatschows Glasnost- und Perestrojka-Politik. Der offizielle Besuch von Bundespräsident von Weizsäcker im November 1988, die gleichzeitige Unterzeichnung eines Abkommens über den Austausch von Kulturinstituten durch Hans-Dietrich Genscher und seinen bulgarischen Amtskollegen Petar Mladenoff und der Besuch von François Mitterrand im Januar 1989 diente ebenfalls der europäischen Öffnung und Verständigung. Nach dem die Bürgerbewegung den Rücktritt Todor Schiwkows als Vorsitzender der Kommunistischen Partei und des Staatsrats erzwungen hatte, kam es am 18. November zu einer Massendemonstration und am 7. Dezember 1989 zur Gründung eines Dachverbandes oppositioneller Parteien und Organisationen. Am 3. Januar 1990 trafen sich Regierung und Opposition zu Verhandlungen am Runden Tisch. Zur langanhaltenden wirtschaftlichen Misere des Landes in den neunziger Jahren trugen vor allem die zögerlichen marktwirtschaftlichen Reformen der Bulgarischen Sozialistischen Partei und eine sehr späte Kontaktaufnahme zu internationalen Finanzinstituten bei.

In den drei baltischen Ländern stieß Gorbatschows Reformpolitik auf frühzeitige Resonanz. 1986 gründete sich in Lettland eine

---

68   Vgl. Anneli Ute Gabanyi (1993), S. 135 u. 136.

46

Helsinki-Gruppe, die im Juni 1987 zu öffentlichen Protesten aufrief. Kurz darauf begann auch in Estland und Litauen der Freiheitskampf. Ein besonderes Charakteristikum ab 1988 war die Singende Revolution im gesamten Baltikum. Mit Freiheitsliedern und der Forderung nach Unabhängigkeit bei Sängerfesten, Versammlungen und öffentlichen Kundgebungen gelang es, Hunderttausende von Bürgern zum friedlichen Protest gegen das kommunistische Regime der Sowjetunion zu aktivieren. Souveränitätserklärungen für eine eigenständige Gesetzgebung und Verfassungsänderungen in Estland (November 1988) sowie Litauen und Lettland (Mai und Juni 1989) lehnte Moskau entschieden ab.[69] Besonders beeindruckend war die Bildung einer 600 km langen Menschenkette von Tallinn über Riga nach Vilnius am 23. August 1989, dem 50. Jahrestag des Hitler-Stalin-Pakts, mit der über eine Million Esten, Letten und Litauer ihren unbeugsamen Freiheitswillen deutlich machten. Nationale Unabhängigkeitserklärungen in den drei Ländern am 11. und 30. März und am 4. Mai 1990 forderten den bewaffneten Widerstand der Sowjetunion heraus. Im August 1991 setzten sie ihre volle Unabhängigkeit nach einem gescheiterten Putschversuch konservativer sowjetischer Kommunisten gegen Gorbatschow durch. Dies beschleunigte den endgültigen Zerfall und die faktische Auflösung der Sowjetunion gegen Ende 1991.

Nach Tschernobyl war das ökologische Bewusstsein in der Ukraine besonders ausgeprägt und führte zur Kritik an sowjetischen Behörden und zur Gründung der Vereinigung „Grüne Welt" (1987). Erste Demonstrationen für eine Autonomie des Landes fanden ab 1988 in Galizien statt. Im September 1989 gründete sich die Nationalbewegung RUCH zur Unterstützung der Perestrojka-Politik unter dem Vorsitz des Schriftstellers und Deputierten Iwan Dratsch. Im wesentlichen getragen von der Ukrainischen Helsinki-Union, dem nationalen Schriftstellerverband und dem Taras-Schewtschenko-Institut für Literatur der

---

69   Vgl. Michael Garleff (1993), S. 175.

Akademie der Wissenschaften strebte sie kulturpolitische Ziele und im März 1990 mit einem offiziellen Aufruf ein Mehrparteiensystem an.[70] Sie entwickelte sich zum Führer der nationalen Unabhängigkeitsbewegung. Nach der Souveränitätserklärung der Ukraine innerhalb der Sowjetunion im Juli 1990 und zahlreichen Parteigründungen erfolgte im August 1991 die Deklaration zur völligen staatlichen Unabhängigkeit.

In der Sozialistischen Föderativen Republik Jugoslawien waren Slowenien und Kroatien Ende der 1980er Jahre, als sich in dem Bundesstaat immer mehr eine Wirtschaftskrise ausbreitete, ökonomisch weitgehend stabil und resistent. Ihre Parlamente setzten sich deshalb für wirtschaftliche Liberalisierungsmaßnahmen ein. Aber die übrigen unterentwickelten Teilrepubliken Jugoslawiens lehnten dies ab und bevorzugten eine Verstärkung der staatlichen Wirtschaftslenkung. Nach zunehmenden Machtansprüchen Serbiens und ständiger Unruhen wegen der Autonomieeinschränkung des Kosovos beschloss das slowenische Parlament in Ljubljana Anfang 1989 ein Mehrparteiensystem und im September in einer neuen Verfassung sein Selbstbestimmungsrecht. Auch die kroatische Führung nahm im Lauf des Jahres 1989 deutlich Anstoß an dem Hegemoniestreben des im Mai zum Staatspräsidenten Serbiens gewählten Slobodan Milošević und festigte mit Parteigründungen und einem neuen Wahlgesetz seine Eigenständigkeit. Die Situation verschärfte sich Ende 1989, als sich Slowenien offenkundig mit den Albanern im Kosovokonflikt solidarisierte. Serbien verhängte einen Wirtschaftsboykott gegen Slowenien und bezog auch Kroatien in die Strafzollregelung ein.[71] Die ersten freien Wahlen in 1990 mit einer eindeutigen Absage an den Kommunismus und weitere Verfassungsänderungen trugen in den beiden Teilrepubliken zur Entflechtung aus dem jugoslawischen Bundesstaat bei. Im Juni

---

[70] Vgl. Henrik Bischof (1994), S. 10, sowie Eberhard Schneider (2005), S. 22 u. 23.

[71] Vgl. Klaus Peter Zeitler (2000), S. 42.

48

1991 lösten die Unabhängigkeitserklärungen Sloweniens und Kroatiens die kriegerischen Auseinandersetzungen mit serbischen Truppen und der jugoslawischen Volksarmee aus.

5.2   Mitteleuropa – Idee und gemeinsames Kulturerbe

Eine Anzahl überwiegend in der Dissidentenszene und im Exil agierender Intellektueller aus Polen, Ungarn und der ČSSR sowie einige Schriftsteller aus Österreich und der Bundesrepublik belebten Mitte der achtziger Jahre die Mitteleuropa-Idee neu.[72] Sie griffen Überlegungen in zeitnah abgewandelter Form auf, die insbesondere der renommierte liberale Vordenker Friedrich Naumann unter dem Eindruck der damaligen deutsch-österreichischen Hegemonie in seinem 1915 veröffentlichten Buch „Mitteleuropa" vertrat.[73] Vor dem Hintergrund der westeuropäischen Integration und der Zwangslage im Sowjetkommunismus strebten die Autoren einen lockeren Staatenverbund in Mitteleuropa an, der den Aufbau eines demokratischen Wertesystems mit freiheitlichen und pluralistischen Zielen und Interessen und die Wahrung des gemeinsamen Kulturerbes ermöglichen sollte. Geostrategische Überlegungen und die Ausklammerung Russlands aus dem Verbund bestimmten überwiegend den Inhalt des Schriftguts, in dem nur in wenigen Fällen die Weiterentwicklung zu einer gesamteuropäischen Lösung diskutiert wurde. Václav Havel gehörte zu dieser Minorität. Er hob in seiner in Abwesenheit verlesenen Dankesrede für den europäischen Erasmus-Preis im November 1986 in Amsterdam die Vision eines freien, friedliebenden und nicht in Blöcke zerteilten Europas besonders hervor. Dabei betonte er das tiefe europäische Bewusstsein „der tausendjährigen gemeinsamen Geschichte und geistigen Tradition".[74] Vermutlich angeregt durch

---

72 Vgl. Hans Lemberg (1993), S. 19.
73 Vgl. Friedrich Naumann (1915); siehe dazu Markus Schubert (1993), S. 4.
74 Vgl. Václav Havel (1990), S. 36 u. 37.

die KSZE sprach auch Generalsekretär Gorbatschow seit 1987 von einem gemeinsamen Europäischen Haus und würdigte in diesem Kontext am 7. Dezember 1988 vor den Vereinten Nationen das Streben der Völker nach Unabhängigkeit, Demokratie und sozialer Gerechtigkeit.[75] Dies erleichterte den Abschluss einiger Wirtschafts- und Handelsabkommen mit den Ostblockstaaten und initiierte erste Reflexionen über mögliche gesamteuropäische Kooperations- und Integrationsmodelle gegen Ende der achtziger Jahre. Das reichhaltige europäische Kulturerbe dieser Staaten belebte die Diskussion. Einige Nachfolger und Verehrer Karls des Großen im Heiligen Römischen Reich prägen das Geschichtsbild bis in die Gegenwart. Beispielhaft seien König Stephan I. von Ungarn (1000-1038) und die römischen Kaiser und Könige Otto III. (983-1002), Karl IV. (1346-1378) und Siegmund (Sigismund) von Luxemburg (1410-1437) genannt. Stephan I. realisierte eine enge Verknüpfung von Staat und Kirche nach dem Vorbild des Karolingers. Otto III. errichtete im Jahr 1000 in Gnesen ein Erzbistum, begründete nach kontroverser Quellenlage mit der Erhebung Boleslaws I. das polnische Königtum und ließ im gleichen Jahr das Grab Karls des Großen öffnen, um seinem Vorbild zu huldigen.[76] Karl IV., auch König von Böhmen, gründete 1348 die Prager Universität, erließ 1356 die Goldene Bulle und führte die kulturelle, geistige und wirtschaftliche Entwicklung Böhmens zur höchsten Entfaltung. Sein Sohn Siegmund von Luxemburg, auch König von Ungarn und Kroatien, betätigte sich als bedeutender Reichs- und Kirchenreformer und konnte trotz enormer Querelen die Stellung seines Reichs in Europa konsolidieren.

Das gemeinsame Kulturerbe dieser Staaten ist ein Vademekum aus Sprache, Kunst, Musik, Literatur, Philosophie, Befreiungsideologie und Religion und steht in enger Beziehung zur zivilisatorischen Entwicklung der gesamten Region. Kulturelle Weg-

---

[75] Vgl. Hans-Dietrich Genscher, Bundesaußenminister a.D. (2000).
[76] Vgl. Helmut Beumann (1967), S. 9.

bereiter im Mittelalter waren insbesondere einige Mönchsorden, vornehmlich Zisterzienser, Benediktiner und Franziskaner. Künstlerische Errungenschaften mit monumentalen gotischen Sakralbauten, ideenreicher Wandmalerei und Bildhauerkunst mit deutschen, französischen und italienischen Einflüssen, bewunderungswürdigen Gebäudekomplexen mit griechischer Athos- und italienischer Renaissancearchitektur und fantasievollen österreichischen Kreationen im Denkmalskult und in der Militärikonographie der Habsburger sind nur einige Beispiele für die auserwählte Vielfalt und kunstreiche europäische Zusammenarbeit über die Jahrhunderte bis in die heutige Zeit. Musikwissenschaft und Musikästhetik sind seit dem 9. Jahrhundert untrennbar verbunden mit den Gregorianischen Gesängen der römischen Kirche. Geist und Schönheit der Tonkunst konnte in jeder Epoche der Weltgeschichte die Zuhörer begeistern. In der neueren Zeit waren es vor allem böhmische Musiker, rumänische Volkslieder, Künstler der Wiener Klassik und Koryphäen wie der Ungar Franz Liszt, die Tschechen Bedřich Smetana und Antonin Dvořak und der Pole Fryderyk Chopin, die in ihren Ländern und auf unserem Planeten Unvergänglichkeit erlangten. Die Gründungen des Franz-Liszt-Zentrums in Weimar (1988), der Ferenc-Liszt-Gesellschaft in Polen (März 1989) und der Chopin-Gesellschaft in Ungarn (1989) spiegeln die künstlerische und geistige Aufbruchsstimmung in den Jahren des politischen Umbruchs wider. Johann Gottfried Herders und Josef Dobrovskýs humanistische Erforschung des Slawentums, Johann Wolfgang Goethes Anteilnahme an den slawischen Völkern und Akteuren des kulturellen und politischen Lebens und Jan Kollárs schöpferisches Zutun zur Einheit der slawischen Kultur diente der slawischen Identitätsfindung und unterstreicht die Bedeutung der slawischen Welt in der Geistesgeschichte.[77] Friedrich Schiller, François Voltaire, Ignacy Krasicki und György Bessenyei vermitteln vortrefflich das aufgeklärte Eu-

---

[77] Vgl. A.S. Myl'nikov (1981), S. 109.

ropa.[78] Sie initiierten freiheitliche Visionen und eine ästhetische, kritische und vernunftbezogene Auseinandersetzung mit der Geistes- und Kulturgeschichte. Die romantischen Dichter Adam Mickiewicz, Juliusz Słowacki und Mihály Vörösmarty förderten ebenfalls mit ihrer berückenden Poesie den Freiheitskampf und das Streben nach nationaler Einheit.

Die pädagogischen Lehren von Comenius und seine Visionen zu Europa, zur Freiheit und zum Weltfrieden waren nahezu 200 Jahre vorher zugänglich. Die auch von ihm unterstützten reformatorischen Ansätze zur Erneuerung der Kirchen und eine tiefsinnige Befreiungsideologie prägten seit den Hussitenkriegen im 15. Jahrhundert die historische Abfolge in Mitteleuropa und beflügelten den humanen europäischen Einigungs- und Versöhnungsprozess gegen Ende des 20. Jh.[79] Wichtige Einschnitte waren der den 30jährigen Krieg auslösende Aufstand der böhmischen Stände, die Befreiungsbewegung im Vormärz, die europäische Revolution 1848/49, der 12. Zionistische Kongress 1921 in Karlsbad, Widerstand und Partisanenkämpfe gegen die Nationalsozialisten und die Volkserhebungen gegen den Sowjetkommunismus.

---

[78] Vgl. Veniamin Ciobanu (2002), S. 47 u. 48.
[79] Vgl. Klaus Schaller (1995), S. 40 u. 41.

6. Das Herzstück der Europäischen Union: Die Stärkung der Information und Partizipation des Bürgers

6.1 Bürgerkommunikation

Seit geraumer Zeit bestimmen Gleichgültigkeit und ein außerordentliches Maß an Reserviertheit weitgehend die Einstellung der Bürger zum europäischen Einigungswerk. Dies gilt insbesondere für Jugendliche und jüngere Erwachsene. Beweggründe für das politische Desinteresse sind neben fehlenden Bildungsvoraussetzungen vor allem unzureichende Informationen und Partizipationsmöglichkeiten, Ohnmachtgefühle gegenüber entlegenen, undurchschaubaren Institutionen und Verständnislosigkeit gegenüber der europäischen Idee und dem Wertegerüst der Europäischen Union. Das ablehnende Votum der französischen und niederländischen Bürger zur EU-Verfassung im Mai/Juni 2005 offenbarte die geringe europäische Bewusstseinsbildung und evozierte eine umfassende Neuorientierung der Kommunikation mit dem Bürger. Zu weiteren maßgeblichen Reformen wird auch das abschlägige Referendum der Iren zum Lissaboner Vertrag im Juni 2008 führen.

Eine kritische Bestandsanalyse muss zu dem Ergebnis gelangen, dass die gemeinsame leidvolle Erinnerung der europäischen Völker an den Holocaust und den Zweiten Weltkrieg nach wie vor das nachhaltig einende Gerüst der Europäischen Union bildet. Die EU muss sich deshalb zielstrebiger als bisher auf diese Werte besinnen und sie mit beherzter Überzeugungskraft und uneingeschränkter Transparenz den Bürgern weitervermitteln. Vorzugsweise sind dabei die Friedensbildung, die Achtung der Menschenwürde, die Gleichheit und die Rechtsstaatlichkeit hervorzuheben. Erforderlich ist insbesondere die Publizierung einer verantwortlichen Friedensethik. Johann Wolfgang Goethes Anschauung über die „Ehrfurcht vor dem Leben" oder die Botschaft des Jan Amos Comenius über die „Erziehung zur

Menschlichkeit" sollten deshalb offenkundiger als bisher in den Schulalltag einziehen, um einen respektvollen Umgang mit Kultur, Geschichte, Religion und Sprache zu erreichen. Eine zunehmend durch Werbung, Entgeltforderungen und Hegemoniestreben überbeanspruchte Umwelt benötigt solche unbestreitbaren Vorbilder zur humanen Gestaltung der Lehrpläne, kritischen Auseinandersetzung mit Kriegen, Grundrechtsverletzungen und Kriminalität und Vermittlung einer umsichtigen Lebensführung, die besonders die ethischen Grundlagen des europäischen Einigungswerks in aller Ausführlichkeit berücksichtigt. Dies würde auch die persönlichen Begegnungen bei internationalen Studiengängen und Austauschprogrammen für Schülerinnen und Schüler, Auszubildende, Studenten, Lehrkräfte und Hochschullehrer bereichern und das Kommunizieren und die gegenseitige Toleranz erleichtern. Die kulturelle Vielfalt Europas mit ihren verschiedenartigen Sitten, Gebräuchen und Werten würde damit bewahrt und um eine verständnisvollere und menschenfreundlichere Sicht der Unionsbürgerinnen und –bürger vermehrt.

Es war eine umsichtige Entscheidung der EU, das Jahr 2008 zum „Europäischen Jahr des interkulturellen Dialogs" zu erklären.[80] Der nachhaltige Dialogprozess soll über das Jahr 2008 hinaus andauern und die europäische Identität und Unionsbürgerschaft fördern. Die EU strebt damit eine pluralistische und dynamische Gesellschaft an, die den kulturellen Reichtum Europas zu würdigen und zu pflegen weiß. Bei allen in der Union lebenden Menschen möchte sie die Fähigkeiten für einen aktiven europäischen Bürgersinn sensibilisieren und das Zurechtfinden in einem offeneren und komplexeren kulturellen Umfeld erleichtern. Auf allen Ebenen werden deshalb Partner aus der

---

80   Vgl. Entscheidung Nr. 1983/2006/EG vom 18. Dezember 2006.

54

Zivilgesellschaft in den Dialog einbezogen. Beispiele für geförderte Projekte sind:[81]

- Zusammenwirken von Märchenerzählern, visuellen Künstlern, Musikern und Grundschülern in einer gemeinsam erdachten Welt (International Yehudi Menuhin Foundation aisbl)

- Journalistische Arbeiten, Seminare, Theaterworkshops, Dokumentarfilme u.ä. zur Verdeutlichung der durch Kunstwerke und den kulturellen Einfluss von Einwanderern sich bildenden Multikulturalität insbesondere zur besseren Verständigung unter Jugendlichen (Associazione culturale Babelmed)

- Austausch von Informationen über kommunale interkulturelle Wohngegenden „Kulturen von Nebenan" (Multikulturni centrum Praha)

- Ein von Kommunen in 18 Mitgliedsländern der EU entwickeltes Jugend-Video-Projekt „Stranger Festival" (European Cultural Foundation)

- Ausstellung der Fotoporträts der Chamisso-Preisträger (Goethe-Institut Brüssel in Kooperation mit der Robert Bosch Stiftung)

- Plattform der Präsentation, des Austausches und des Dialogs für junge Künstler deutscher und nicht-deutscher Herkunft in den Bereichen Musik, Mode und Schmuck im Festival „interCultura" (Grassimuseum für Völkerkunde Leipzig)

- Internet-Wettbewerb „EU Dialogue Award" für Schüler- und Schülerinnen-Teams zur Präsentation einer gemeinsamen Webseite zum Thema „Interkultureller Dialog".

---

[81] Vgl. DG EAC – Europäisches Jahr des interkulturellen Dialogs (2008) - Home

Mit diesen Projekten flankiert und bekräftigt die EU die mittlerweile verstärkt einsetzenden europapolitischen Aktivitäten zahlreicher staatlicher und privater Organisationen, die u.a. mit Bürgerfesten, Kolloquien, Musikveranstaltungen und kinderfreundlichen attraktiven Kulturprogrammen, wie beispielsweise die Europäische Zentralbank in Frankfurt am Main, für die europäische Idee werben. Dies ist durchaus die richtige Weichenstellung, um künftig das breite Desinteresse an der EU zu überwinden. Eröffnet sie dem Bürger doch die Möglichkeit, sich am Leben der Union zu beteiligen. Darüber hinaus müssen jedoch weitere Aktivitäten intensiviert werden, um zu erreichen, dass die tatkräftige Beteiligung vor allem junger Menschen an demokratischen Prozessen und am Dialog mit der Politik in einer unentwegt aktiven Unionsbürgerschaft und möglichst engen Partnerschaft mit den Institutionen der EU mündet. Geeignet hierfür ist insbesondere eine umfassende europäische Strategie für Jugendliche, die das Europäische Jugendforum und die zahlreichen Kinder- und Jugendorganisationen auf allen Ebenen stärker vernetzt und vorzugsweise auch benachteiligte Kinder und Jugendliche und solche mit Migrationshintergrund einbezieht.[82] Ein wichtiges Programm ist in diesem Rahmen der im März 2005 vom Europäischen Rat beschlossene „Europäische Pakt für die Jugend", mit dem junge Menschen in konkrete Initiativen und Projekte zur Verbesserung von Mobilität, allgemeiner und beruflicher Bildung und sozialer und beruflicher Integration eingebunden werden. Die EU-Antidiskriminierungsgesetzgebung, einschließlich der geplanten neuen Richtlinie zum umfassenderen Kampf gegen Benachteiligungen im Alltag wegen Behinderungen, Alter, sexueller Ausrichtung und Religion oder Weltanschauung, ist hier ebenfalls von besonderer Bedeutung. In Bezug auf eine bessere Integration von Jugendlichen in den Arbeitsprozess sollte den Bemühungen um einen allseits qualifizierten Bildungsabschluss allerhöchste Priorität beigemessen werden.

---

[82] Vgl. KOM (2007) 498 endgültig, S. 11-14.

Auch der von der Kommission vorgeschlagene strukturierte Dialog bei der Diskussion gesellschaftspolitischer Themen mit Jugendlichen kann sich durchaus erfolgversprechend auf Transparenz, Engagement, Ergebnisse und Kontakte zu den europäischen Institutionen auswirken. Erforderlich sind jedoch übersichtliche und unmissverständliche Handlungsempfehlungen, die die Strukturierung und Beteiligungsverhältnisse auf kommunaler, regionaler, nationaler und europäischer Ebene im einzelnen darlegen.

Weitere von der Kommission angekündigte und partiell vorliegende Vorschläge und Maßnahmen, basierend auf dem „Aktionsplan" (2005), „Plan D für Demokratie, Dialog und Diskussion" (2005) und „Weißbuch über eine europäische Kommunikationspolitik" (2006), eignen sich zur qualifizierten Bürgerbeteiligung und –information. Genannt seien insbesondere:[83]

- Neue Strategien im audiovisuellen und Internetbereich zur Unterstützung von europaweiten Netzen, Einbeziehung von Europe by Satellite (EbS)

- Methodische Fortentwicklung der Eurobarometer

- Einrichtung von Pilot-Informationsnetzen für Politiker, Journalisten und andere Meinungsführer

- Ausbau und Koordination der zahlreichen europäischen Informationsstellen, -zentren und –netze

- Aufbau eines Netzwerks mit überregionalen europäischen Veranstaltungszentren

- Durchführung von neuen zivilgesellschaftlichen Projekten nach Plan D (einschließlich Internet-Debatte) zur Förderung der Wahlbeteiligung bei den Europawahlen).

In der „Strategieplanung für 2009" kündigte die Kommission zudem bürgerbezogene Vorschläge in den Bereichen gemeinsa-

---

[83] Vgl. KOM (2007) 568 endgültig, S. 3/4 u. 17/18.

mer Raum des Rechts, Sicherheit der Unionsbürger, Gesundheitswesen und Sozialpolitik, einschließlich Jugend und grenzüberschreitende Mobilität junger Menschen an.[84] Ihr ist zu empfehlen, auch für diese Planungen webgestützte Bürgerforen einzurichten, soweit sie nicht bereits durch die Plan D-Projekte berücksichtigt sind. Von besonderer Bedeutung sind Aktionen, die gegen Rechtsextremismus, Fremdenfeindlichkeit und Antisemitismus gerichtet sind und die europäische Demokratie und Zivilgesellschaft stärken. Dem Dialog der Kulturen zwischen Christen, Moslems, Juden und Angehörigen anderer Weltreligionen ist dabei vorrangige Aufmerksamkeit zu widmen.

Die EU unterstützt bereits das gesellschaftliche Engagement der Unionsbürger und der organisierten Zivilgesellschaft vornehmlich mit den folgenden Programmen mit der Laufzeit 2007-2013 (siehe Anhang):

- Programm „Europa für Bürgerinnen und Bürger"[85]
- Programm „Grundrechte und Unionsbürgerschaft" als Teil des generellen Programms „Grundrechte und Justiz"[86]
- Programm „Kultur"[87]
- Programm „Jugend in Aktion"[88]
- Förderprogramm für den europäischen audiovisuellen Sektor (MEDIA 2007)[89].

Sie sind den Bürgern noch gründlicher und mit Zwischenergebnissen zu vermitteln, um eine umfassende europäische Bewusstseinsbildung zu erreichen.

---

84 Vgl. KOM (2008) 72 endgültig, S. 6 u. 7.
85 Vgl. Beschluss Nr. 1904/2006/EG vom 12. Dezember 2006.
86 Vgl. Beschluss (2007/252/JI) vom 19. April 2007).
87 Vgl. Beschluss Nr. 1855/2006/EG vom 12. Dezember 2006.
88 Vgl. Beschluss Nr. 1719/2006/EG vom 15. November 2006.
89 Vgl. Beschluss Nr. 1718/2006/EG vom 15. November 2006, einschl. Berichtigung vom 06. Februar 2007.

6.2 Vertrag von Lissabon

Der am 13. Dezember 2007 unterzeichnete Vertrag von Lissabon, wie seine Vorgänger ein Änderungsvertrag, bewahrt weitestgehend die politische Substanz des abgelehnten Verfassungsvertrags und verbessert ebenfalls die Kommunikationsbeziehungen mit dem Bürger. Die Union wird Rechtsnachfolgerin der Europäischen Gemeinschaft und mit einheitlicher Rechtspersönlichkeit ausgestattet. Der Vertrag zur Gründung der Europäischen Gemeinschaft (EGV) wird neben zahlreichen Änderungen in Vertrag über die Arbeitsweise der Europäischen Union (AEUV) umbenannt. Der Vertrag über die Europäische Union (EUV) behält seinen Titel bei. Die Verankerung von Bürgerbegehren steigert die politische Partizipation und dient der direkten Demokratie und Willensbildung. Zu mehr Bürgernähe führen auch Festlegungen über den offenen, transparenten und regelmäßigen Dialog der Organe der Union mit den repräsentativen Verbänden und der Zivilgesellschaft und die vorgesehenen umfangreichen Anhörungen der Betroffenen durch die Europäische Kommission. Die Befugnisse des Europäischen Parlaments und die Informations- und Beteiligungsrechte der nationalen Parlamente werden sichtlich ausgeweitet. Das von den europäischen Bürgern direkt gewählte Europäische Parlament wird künftig bei 95 v.H. der europäischen Gesetzgebung mitentscheiden. Es wählt den Kommissionspräsidenten und erhält erweiterte Einflussmöglichkeiten beim Beschluss des EU-Budgets (gleichberechtigt mit dem Ministerrat). Art. 12 EUV führt erstmals die Modalitäten auf, mit denen die nationalen Parlamente aktiv zur guten Arbeitsweise der Union beitragen können. Die Katalogisierung in ausschließliche, geteilte und unterstützende, koordinierende oder ergänzende Zuständigkeiten der Union strukturiert die Verwaltungsabläufe der europäischen Organe und erhöht die Transparenz bei der Entscheidungsfindung. Die Charta der Grundrechte vom 7. Dezember 2000 wird Bestandteil des Primärrechts und erhält Rechtsverbindlichkeit. In einem beigefügten Protokoll werden jedoch Polen und Großbritannien von dem Rechtsschutz der gemeinschaftlichen Bestimmungen ausgenommen. Die Bürgerrechte werden auch durch die Bestimmung über den Beitritt der EU zur Europäischen Menschenrechtskonvention gestärkt. Weitere wesentliche Änderungen gegenüber dem Vertrag von Nizza betreffen die Amtsdauer des Präsidenten des Europäischen Rats (künftig zweieinhalb Jahre), die Bezeichnung des europäischen Außenministers als „Hoher Vertreter der Union für die Außen- und Sicherheitspolitik", die Beschlussfassung im Rat nach dem Prinzip der doppelten Mehrheit ab 2014 mit Übergangszeit und die Anzahl der EU-Kommissare und Abgeordneten im EU-Parlament.

7. Anhang: Programme 2007 - 2013

- Programm „Europa für Bürgerinnen und Bürger"

  Geförderte Aktionen: Bürgerbegegnungen und thematische Netzwerke im Rahmen von Städtepartnerschaften; transnationale und sektorübergreifende Projekte mit direkter Bürgerbeteiligung; Strukturförderung von Forschungseinrichtungen; Strukturförderung und Initiativen von Organisationen der Zivilgesellschaft; Veranstaltungen, Studien und Verbreitungsinstrumente der Kommission; Projekte zur aktiven europäischen Erinnerung.

- Programm „Grundrechte und Unionsbürgerschaft" als Teil des generellen Programms „Grundrechte und Justiz"

  Geförderte Aktionen: Aktivitäten der Kommission, z.B. Studien und Forschungsarbeiten, Seminare, Ausarbeitung und Verbreitung von Informationsmaterial; grenzüberschreitende Projekte von gemeinschaftlichem Interesse; Tätigkeiten von Nichtregierungsorganisationen und anderen Vereinigungen; Betriebskostenzuschüsse zum ständigen Arbeitsprogramm der Konferenz der europäischen Verfassungsgerichte und der Vereinigung der Staatsräte und Obersten Verwaltungsgerichte der EU zur Förderung des Meinungs- und Erfahrungsaustauschs ihrer Mitglieder.

- Programm „Kultur"

  Geförderte Aktionen: mehrjährige kulturelle Kooperationsprojekte, Kooperationsmaßnahmen bereichsspezifischer und bereichsübergreifender Art, Sondermaßnahmen zur Bewusstseinsschärfung für Reichtum und Vielfalt der europäischen Kultur; Betriebskostenzuschüsse zum Arbeitsprogramm von auf europäischer Ebene tätigen kulturellen Einrichtungen; Analysen, Sammlung und Verbreitung von Informationen sowie Maßnahmen zur Maximierung der Wirkung von Projekten im Bereich der kulturellen Zusammenarbeit.

- Programm „Jugend in Aktion"

  Geförderte Aktionen: Jugend in Europa mit Jugendaustausch, Jugendinitiativen und Projekten der partizipativen Demokratie; europäischer Freiwilligendienst; Zusammenarbeit mit den Nachbarländern der EU; Zusammenarbeit mit anderen Ländern in der Welt; Unterstützungssysteme für die Jugend: im Jugendbereich tätige Einrichtungen, des Europäischen Jugendforums, Ausbildung und Vernetzung der in der Jugendarbeit und in Jugendorganisationen Tätigen, Projekte zur Förderung der Innovation und der Qualität, Informationsaktivitäten, Partnerschaften, Programmstrukturen, Valorisierungsmaßnahmen der Kommission wie Seminare, Kolloquien, Informationsmaßnahmen und Programmüberwachungs- und Bewertungsmaßnahmen; europäische Zusammenarbeit im Jugendbereich mit Begegnungen junger Menschen oder Aktivitäten zur Verbesserung des Verständnisses und der Kenntnisse; Zusammenarbeit mit internationalen Organisationen.

- Förderprogramm für den europäischen audiovisuellen Sektor (MEDIA 2007)

  Geförderte Aktionen: Erwerb und Vertiefung von Kompetenzen im audiovisuellen Bereich; Entwicklung von Produktionsvorhaben und Ausarbeitung von Finanzplänen; Steigerung der kulturellen und sprachlichen Vielfalt der verbreiteten und vertriebenen audiovisuellen Werke, einschließlich Investitionen in digitale Technik für Kinoeigner und -betreiber; Verkaufsförderung europäischer audiovisueller Werke; Pilotprojekte.

Abb. 2: Der Autor im Jahr 1982 zusammen mit Altbundes-
präsident Walter Scheel auf einem Fest der Liberalen
auf dem Hambacher Schloss

Abb. 3: Otto und Martha Schäfer

8. Literaturverzeichnis

Adenauer, Konrad (1982): Karlspreisträger 1954, in: Die Karlspreisträger und ihre europäischen Reden, hrsg. v. Harald Kästner, Europa Union, Bonn, S. 50-55.

Akten zur Auswärtigen Politik der Bundesrepublik Deutschland 1975 (2006), Bd. I, wiss. Leiterin: Ilse Dorothee Pautsch, R. Oldenbourg, München.

Archiv der Gegenwart (1963), XXXIII. Jg., Siegler & Co., Bonn, Wien, Zürich.

Archiv der Gegenwart (1965), XXXV. Jg., Siegler & Co., Bonn, Wien, Zürich.

Archiv der Gegenwart (1987), 57. Jg., Siegler & Co., Sankt Augustin 3.

Archiv der Gegenwart (1989), 59. Jg., Siegler & Co., Sankt Augustin 3.

Auswärtiges Amt (2006): Gemeinsame Website des Auswärtigen Amts und des Polnischen Außenministeriums Ausstellung Solidarno ... 1830, file:///W:/Polenbegeisterung.html.

Barbero, Alessandro (2007): Karl der Große – Vater Europas, aus dem Ital. v. Annette Kopetzki, Klett-Cotta, Stuttgart.

Becher, Matthias (1992): Neue Überlegungen zum Geburtsdatum Karls des Großen, in: Francia-Forschungen zur westeuropäischen Geschichte, Bd. 19/1, Jan Thorbecke, Sigmaringen, S. 37-60.

Beschluss des Rates vom 19. April 2007 zur Auflegung des spezifischen Programms „Grundrechte und Unionsbürgerschaft" als Teil des generellen Programms „Grundrechte und Justiz" für den Zeitraum 2007 bis 2013 (2007/252/JI), ABl. L 110/33 v. 27.4.2007.

Beschluss Nr. 1718/2006/EG des Europäischen Parlaments und des Rates vom 15. November 2006 zur Umsetzung eines Förderprogramms für den europäischen audiovisuellen Sektor 2007-2013 (MEDIA 2007), ABl. L 327 v. 24.11.2006, einschl. der Berichtigung des Beschlusses: ABl. L 031 v. 06.02.2007.

Beschluss Nr. 1719/2006/EG des Europäischen Parlaments und des Rates vom 15. November 2006 über die Einführung des Programms „Jugend in Aktion" (2007-2013), ABl. L 327/30 v. 24.11.2006.

Beschluss Nr. 1855/2006/EG des Europäischen Parlaments und des Rates vom 12. Dezember 2006 über das Programm „Kultur" (2007-2013), ABl. L 372/1 v. 27.12.2006.

Beschluss Nr. 1904/2006/EG des Europäischen Parlaments und Rates vom 12. Dezember 2006 über das Programm „Europa für Bürgerinnen und Bürger" zur Förderung einer aktiven europäischen Bürgerschaft (2007-2013), ABl. L 378/32 v. 27.12.2006.

Beumann, Helmut (1967): Grab und Thron Karls des Großen zu Aachen, in: Karl der Große: Das Nachleben, Bd. 4, hrsg. von Wolfgang Braunfels und Percy Ernst Schramm, Schwann, Düsseldorf, S. 9-38.

Biddle, Martin (2000): Die Grabeskirche, in: Die Grabeskirche in Jerusalem, übers. aus dem Engl. v. Rainer Zerbst, Belser, Stuttgart, S.23-71.

Bischof, Henrik (1994): Die Ukraine – Zeit der Unabhängigkeit, Studie zur Außenpolitik, Nr. 64, Friedrich-Ebert-Stiftung, Bonn.

Blehova, Beata (2006): Der Fall des Kommunismus in der Tschechoslowakei, Reihe: Europa Orientalis, Bd. 2, LIT, Wien, Münster.

Boeselager, Dela von (2006): Zur Salbung und Krönung in der Liturgie des Ordo, in: Die Kaisermacher: Frankfurt am Main und die Goldene Bulle (1356-1806), eine Ausstellung des Instituts für Stadtgeschichte, des Historischen Museums, des Dommuseums und des Museums Judengasse, hrsg. v. Evelyn Brockhoff und Michael Matthäus im Auftr. des Magistrats der Stadt Frankfurt am Main, Societätsverlag, Frankfurt am Main, S. 338-345.

Brockhoff, Evelyn u. Matthäus, Michael (Hrsg.) (2006): Die Kaisermacher ..., a.a.O.

Brunner, Georg (Hrsg.) (1993): Ungarn auf dem Weg der Demokratie – Von der Wende bis zur Gegenwart, Bouvier, Bonn.

Ciobanu, Veniamin (2002): Rumänien und Europa. Ansätze einer europäischen Integration im 18. Jahrhundert, in: Rumänien in Europa, hrsg. von Alexander Rubel, Hartung-Gorre, Konstanz, S. 33-50.

Clot, André (2001): Harun al-Raschid. Kalif von Bagdad, aus d. Franz. übertr. c. Sylvia Höfer, Neuausgabe, Artemis & Winkler, Düsseldorf. Zürich.

Deutsch-Polnische Gesellschaft Brandenburg (Hrsg.) (1999/2000): Transodra. 10 Jahre Transformation in Polen. Nachrichtenchronik Juni 1989 bis Juni 1999, Red. Ruth U. Henning, Sonderausgabe, Potsdam.

DG EAC – Europäisches Jahr des interkulturellen Dialogs (2008) – Home www.interculturaldialogue2008.eu/333.html?L=1.

DKV-Kunstführer (2007): Der Dom zu Naumburg, 14. überarb. Aufl., Deutscher Kunstverlag, München, Berlin.

Dornseif, Andrea u. Hörner, Karin (2003): Harun al-Raschid in »Tausendundeine Nacht« – Der zivile Kalif, in: Ex oriente – Isaak und der weiße Elefant. Bagdad-Jerusalem-Aachen. Eine Reise durch drei Kulturen um 800 und heute, Ausstellung in Aachen, Katalogbuch in drei Bänden, Bd. I, Zabern, Mainz, S. 148-155.

Entscheidung Nr. 1983/2006/EG des Europäischen Parlaments und des Rates vom 18. Dezember 2006 zum Europäischen Jahr des interkulturellen Dialogs (2008), ABl. L 412/44 v. 30.12.2006.

Fillitz, Hermann (2000): Die Reichskleinodien, in: Krönungen. Könige in Aachen – Geschichte und Mythos, Katalog der Ausstellung in Aachen in zwei Bänden, hrsg. v. Mario Kramp, Bd. 1, Philipp von Zabern, Mainz, S. 141-149.

Flor, Georg (1991): Gottesgnadentum und Herrschergnade: Über menschliche Herrschaft und göttliche Vollmacht, Bundesanzeiger, Köln.

Gabanyi, Anneli Ute (1993): Rumänien – Anatomie einer Dauerkrise, in: Der Umbruch in Osteuropa, hrsg. von Jürgen Elvert und Michael Salewski, Franz Steiner, Stuttgart, S. 135-148.

Garleff, Michael (1993): Die Wiederherstellung der Unabhängigkeit: Die baltischen Staaten, in: Der Umbruch ..., a.a.O., S. 163-182.

Gehler, Michael (2004): Die Umsturzbewegung 1989 in Mittel- und Osteuropa. Ursachen – Verlauf – Folgen, in: Aus Politik und Zeitgeschichte – Beilage zur Wochenzeitung Das Parlament, 4. Oktober 2004, B 41-42, Bundeszentrale für politische Bildung, Bonn, S. 36-46.

Genscher, Hans-Dietrich, Bundesaußenminister a.D. (2000): Laudatio zur Verleihung des Alexsandr-Men-Preises 2000 an Michail Gorbatschow, 30. Juni 2000, Akademie der Diözese Rottenburg-Stuttgart, http://www.akademie-rs.de.

Geppert, Waldtraut-Ingeborg (1956): Christus und Kaiser Karl im Deutschen Rolandslied, in: Beiträge zur Geschichte der Deutschen Sprache und Literatur, Max Niemeyer, Tübingen, S. 349-373.

Gesellschaft der Freunde der Landwirtschaftlichen Fakultät e.V. (Hrsg.) (2006): Fakultätsbote, H. 1, Martin-Luther-Universität Halle-Wittenberg, Halle/Saale, S. 6-10.

Görich, Willi (1956): Gedanken zur Stadtentwicklung von Herborn, in: Nassauische Annalen 1956, 67. Bd., Verein für Nass. Altertumskunde u. Geschichtsforschung, Wiesbaden, S. 247-252.

Greiner, Helmuth (1951): Die Oberste Wehrmachtsführung 1939-1943, Limes, Wiesbaden.

Guillou, André (1993): Byzanz und die Entstehung Westeuropas, in: Mohammed und Karl der Große: die Geburt des Abendlandes, übers. v. Heigrid Betz, 2. Aufl. Sonderausg., Belser, Stuttgart-Zürich, S. 111-172.

Havel, Václav (1990): Europäische geistige Tradition (Rede vom 13. November 1986), in: Gewissen und Politik, Reden und Ansprachen 1984-1990, Richard von Weizsäcker: Prager Rede vom 15. März 1990, hrsg. von Otfrid Pustejovsky und Franz Olbert, Institutum Bohemicum, München, S. 33-39.

Henning, Ruth U. (Red.): 10 Jahre Transformation in Polen. Nachrichtenchronik Juni 1989 bis Juni 1999, Sonderausgabe, Reihe: Deutsch-Polnisches Informationsbulletin Transodra, hrsg. von Deutsch-Polnische Gesellschaft Brandenburg, Potsdam.

Herbers, Klaus (2003): Zur Einführung, in: Jakobus und Karl der Große – von Einhards Karlsvita zum Pseudo-Turpin, Reihe: Jakobus-Studien (14), Gunter Narr, Tübingen, S. VII-XVI.

Herzog, Roman (Bundespräsident) (1998): Ansprache: Internationaler Karlspreis Aachen 1997, in: Europa gestalten, hrsg. v. Alexander Lohe und Olaf Müller, Shaker, Aachen, S. 33-40.

Hitler, Adolf (1941): Aufruf an das deutsche Volk am 22. Juni 1941, in: Schulthess' Europäischer Geschichtskalender, 57. Jg., 82. Band, hrsg. v. Ulrich Thürauf, C.H. Beck'sche Verlagsbuchhandlung, München 1965, S. 158-163.

Hofestädt, Bernd (2006): Die Familie Händel und Halle – Sonderheft des „Ekkehard" zum Stadtjubiläum erschienen, in: Händel-Hausmitteilungen, 2/2006, hrsg. vom Freundes- und Förderkreis des Händel-Hauses zu Halle e.V., Halle/Saale, S. 30-31.

Hofmann, Henning (1986): Der Alte Fritz und Wilhelm der Schweiger, in: Dillenburger Blätter, Mitteilungen des Geschichtsvereins Dillenburg e.V., 3. Jg., Nr. 8, S. 42-51.

Hollmann, Michael (1992): Nassau – vom hohen Mittelalter bis zum Ende des alten Reichs, in: Nassaus Beitrag für das heutige Hessen, Hess. Landeszentrale für Politische Bildung, Wiesbaden, S. 7-41.

Hubatsch, Walther (1983): Hitlers Weisungen für die Kriegsführung 1939-1945 – Dokumente des Oberkommandos der Wehrmacht, 2. durchges. u. erg. Aufl., Bernard & Graefe, Koblenz.

Hürter, Johannes (2006): Hitlers Heerführer – Die deutschen Oberbefehlshaber im Krieg gegen die Sowjetunion 1941/42, R. Oldenbourg, München.

Jurt, Josef (2003): „Le silence des intellectuels"? Zu einer Debatte im Frankreich Mitterrands, in: Esprit civique und Engagement. Festschrift für Henning Krauß zum 60. Geburtstag, Stauffenburg, Tübingen, S. 277-293.

Kerner, Max (2003): Die politische Instrumentalisierung Karls des Großen im 19. und 20. Jahrhundert, in: Zeitschrift des Aachener Geschichtsvereins: Karl der Große und sein Nachleben in Geschichte, Kunst und Literatur, Bd. 104/105, Aachen, S. 231-276.

Kerner, Max (2004): Mythos Karl der Große, in: Karl der Große und Europa – Symposium, hrsg. v. d. Schweizerischen Botschaft in Deutschland in Zusammenarbeit mit dem Deutschen Historischen Museum, Peter Lang, Frankfurt am Main, S. 87-100.

KOM (2007) 498 endgültig: Mitteilung der Kommission vom 05.09.2007: Förderung der umfassenden Beteiligung junger Menschen an Bildung, Beschäftigung und Gesellschaft.

KOM (2007) 568 endgültig: Mitteilung der Kommission vom 03.10.2007: Partnerschaft für die Kommunikation über Europa.

KOM (2008) 72 endgültig: Mitteilung der Kommission vom 13.02.2008: Jährliche Strategieplanung für 2009.

Kramp, Mario (2000): Krönungen und Könige in der Nachfolge Karls des Großen – eine Geschichte und ihre Bilder, in: Krönungen ..., a.a.O., Bd. 1, S. 2-18.

Kraus, Thomas R. (1998): „Europa sieht den Tag leuchten ...". – Der Aachener Friede von 1748, Verlag des Aachener Geschichtsvereins, Aachen.

Kuhn, Dieter (Hrsg.) (1993): Chinas Goldenes Zeitalter. Die Tang-Dynastie (618-907 n. Chr.) und das kulturelle Erbe der Seidenstraße , Ausstellung im Museum für Kunst und Kulturgeschichte d. Stadt Dortmund, Braus, Heidelberg.

Kühnel, Gustav (2003): Aachen, Byzanz und die frühislamische Architektur im Heiligen Land, in: Ex oriente ..., a.a.O., Bd. III, S. 52-67.

Küsters, Hanns Jürgen u. Hofmann, Daniel (Bearb.) (1998): Dokumente zur Deutschlandpolitik: Deutsche Einheit. Sonderedition aus den Akten des Bundeskanzleramtes 1989/90, hrsg. v. Bundesministerium des Innern unter Mitwirkung des Bundesarchivs, R. Oldenbourg, München.

Landay, Jerry M. (1976): Felsendom, übers. aus dem Engl. v. Dieter Dörr, Ebeling, Wiesbaden.

Lemberg, Hans (1993): Osteuropa, Mitteleuropa, Europa. Formen und Probleme der „Rückkehr nach Europa", in: Der Umbruch ..., a.a.O., S. 15-28.

Lepp, Claudia (2006): Summus episcopus. Das Protestantische im Zeremoniell der Hohenzollern, Vortrag am 17.2.2006 anlässlich der Tagung „Das politische Zeremoniell im Deutschen Kaiserreich 1871-1918", Ruhr-Universität Bochum, www.ruhr-uni-bochum.de/iga/isb/isb-hauptframe/forschung/Tagung%20Kaiserreich/lepp.pdf

Mendelsohn, John u. Detwiler, Donald S. (Hrsg.) (1982): The Holocaust: 14. Relief and Rescue of Jews from Nazi Oppression 1943-1945, Selected Documents in Eighteen Volumes, Garland Publishing, New York, London.

Militzer, Klaus (2000): Der Erzbischof von Köln und die Krönungen der deutschen Könige (936-1531), in: Krönungen ..., a.a.O., Bd. 1, S. 105-111.

Myl'nikov, A.S. (1981): Goethe und die slavistischen Forschungen zu Ende des 18. – Anfang des 19. Jahrhunderts, in: Goethe und die Welt der Slawen, hrsg. von Hans-Bernd Harder und Hans Rothe, Schmitz, Gießen, S. 103-115.

Naumann, Friedrich (1915): Mitteleuropa, G. Reimer, Berlin.

Oellers, Adam C. (2003): Karl und die Christen im Heiligen Land, in: Ex oriente ..., a.a.O., Bd. III, S. 108-121.

Pape, Matthias (2000): Der Karlskult an Wendepunkten der neueren deutschen Geschichte, in: Historisches Jahrbuch, hrsg. im Auftrag der Görres-Gesellschaft, 120. Jg., Karl Alber, Freiburg, München, S. 138-181.

Rau, Reinhold (Bearb.) (1993): Quellen zur karolingischen Reichsgeschichte, erster Teil: Die Reichsannalen mit Zusätzen aus den sog. Einhardsannalen u.a., Wissenschaftliche Buchgesellschaft, Darmstadt.

Rekt-Pfarre in Wesseling (Hrsg.) (1958): St. Marien in Wesseling: Die neue Kirche Mariä Namen in Wesseling-Süd (Einweihung am 9. November 1958), Libertas Verl. f. Kirche u. Heimat, Erolzheim.

Renkhoff, Otto (1951): Die Siegel und Wappen von Herborn und Haiger, in: Nassauische Annalen 1951, 62. Bd., S. 109-120.

Richter, Ingo u.a. (1999): Herbst'89 – Die Wende in Rostock. Zeitzeugen erinnern sich, hrsg. v. Rektor der Universität, Historisches Institut, Universitätsbibliothek Rostock.

Schäfer, Jochem (2001): Der Peterzug: Dem Nationalfeiertag besonders verbunden – Der 3. Oktober als Tag der Deutschen Einheit, M.-G. Schmitz, Kelkheim.

Schäfer, Jochem (2004): Den Frieden sichern: Plädoyer für eine natur- und umweltfreundliche Zukunft, 2. Aufl., M.-G. Schmitz, Kelkheim.

Schäfer, Jochem (Juli 2004): Das internationale Nichtverbreitungsregime von Massenvernichtungswaffen im Wandel: Trinity, Hiroshima und Nagasaki als bleibendes zeitloses Fundament, M.-G. Schmitz, Kelkheim.

Schäfer, Jochem (April 2005): Eine weitsichtige Städtepartnerschaft zwischen Herborn und Pertuis: Die Grundrechte in der Europäischen Union, M.-G. Schmitz, Kelkheim.

Schäfer, Jochem (Dezember 2005): Aus heutiger Sicht: Musik und Politik im Dritten Reich – Die Familie Schäfer im Widerstand, M.-G. Schmitz, Kelkheim.

Schäfer, Jochem (2006): Der 3. Oktober ein weltweites Symbol für den friedlichen Dialog, Schmitz, Kelkheim.

Schaller, Klaus (1995): Chance für Europa. Jan Amos Comenius in unserer Zeit, Deutsches Institut für Internationale Pädagogische Forschung, Frankfurt am Main, Bibliothek für Bildungsgeschichtliche Forschung, Berlin.

Scheibler, Albert u. Evdokimova, Julia (1993): Georg Friedrich Händel: Oratorien Führer, Hrsg.: Neue Deutsche Händel-Gesellschaft e.V. Bonn, Edition, Köln.

Schieffer, Rudolf (2003): Der Weg zur Kaiserkrönung 800, in: Zeitschrift des Aachener Geschichtsvereins ...,a.a.O., Bd. 104/105, S. 11-23.

Schneider, Eberhard (2005): Das politische System der Ukraine – Eine Einführung – Lehrbuch, VS Verlag für Sozialwissenschaften, Wiesbaden.

Schönwälder, Karen (1992): Historiker und Politik: Geschichtswissenschaft im Nationalsozialismus, Campus, Frankfurt am Main, New York.

Schubert, Markus (1993): Die Mitteleuropa-Konzeption Friedrich Naumanns und die Mitteleuropa-Debatte der 80er Jahre, Libertas, Sindelfingen.

Schwarz, Egon (2000): Was Mitteleuropa ist und nicht ist, in: Zum Thema Mitteleuropa. Sprache und Literatur im Kontext, hrsg. von Markus Bauer, Hartung-Gorre, Konstanz, S. 147-164.

Semmler, Josef (2003): Der Dynastiewechsel von 751 und die fränkische Königssalbung, Reihe: Studia humaniora, Düsseldorfer Studien zu Mittelalter und Renaissance, Droste, Düsseldorf.

Silomon, Anke (1999): „Schwerter zu Pflugscharen" und die DDR. Die Friedensarbeit der evangelischen Kirchen in der DDR im Rahmen der Friedensdekaden 1980 bis 1982, Vandenhoeck & Ruprecht, Göttingen.

Spitzer, Giselher (1997): Die Akten des Ministeriums für Staatssicherheit als „Reserve-Archiv" des DDR-Sports? Quellenkritische und methodologische Bemerkungen, in: Der geteilte deutsche Sport, Bundesinstitut für Sportwissenschaft, hrsg. v. Giselher Spitzer u. Harald Braun, Sport und Buch Strauß, Köln, S. 117-154.

Storm, Elfriede (1980): Das Katharinenkloster auf dem Sinai in seinem historischen Werdegang, Die Karawane, Ludwigsburg.

Thamer, Hans-Ulrich: Mittelalterliche Reichs- und Königstraditionen in den Geschichtsbildern der NS-Zeit, in: Krönungen ..., a.a.O., Bd. 2, S. 829-837.

Tobolla, Heinz (2001): Materie ist zerstörbar – Geist nicht, in: Mahnmal und Gedenkstätte an der Aachener Synagoge, hrsg. v. Wolfgang Krücken und Alexander Lohe im Auftr. der Gesellschaft für Christlich-Jüdische Zusammenarbeit Aachen e.V., 2. erw. Aufl., Shaker, Aachen, S. 19-24.

Vones, Ludwig (2003): Heiligsprechung und Tradition. Die Kanonisation Karls des Großen 1165, die Aachener Karlsvita und der Pseudo-Turpin, Reihe: Jakobus-Studien (14), Gunter Narr, Tübingen, S. 89-105.

Weizsäcker, Richard von (Bundespräsident) (1988): Laudatio: Verleihung des Internationalen Karlspreises zu Aachen am 1. November 1988, Internet: file:///W:/Karl%20php.htm.

Wienecke, Joachim (2001): Pfarrei und Kirche in Herborn bis zur Reformation, in: 750 Jahre Stadt Herborn, hrsg. im Auftrag des Magistrats vom Geschichtsverein Herborn, Schriftleitung: Rüdiger Störkel, Selbstverlag der Stadt Herborn, S. 55-65.

Wilms, Dorothee (Bundesminister) (1989): Erklärung zur Einigung über den innerdeutschen Kulturaustausch, in: Das Kulturabkommen, 3. erg. Aufl., Bundesminister für innerdeutsche Beziehungen (Hrsg.), Gesamtdeutsches Institut, Bonn, S. 25-32.

Windelen, Heinrich (Bundesminister) (1989): Erklärung zur Unterzeichnung des Kulturabkommens, in: Das Kulturabkommen, a.a.O., S. 12-15.

Winterberg, Hans (1997): Zur Entstehung der Ausstellung, in: Lissabon . Lisboa . 1933-1945. Fluchtstation am Rande Europas, eine Dokumentationsausstellung des Goethe-Instituts Lissabon im Museum Judengasse Frankfurt am Main, hrsg. v. Goethe-Institut München, Jüd. Museum Frankfurt am Main und Gesellschaft Portugal-Frankfurt 97, S. 6-10.

Wollny, Peter (2000): Passio D.N.J.C. secundum Matthaeum „Matthäus-Passion" – BWV 244 – BCD 3a-b, in: Oratorienführer, hrsg. v. Silke Leopold und Ullrich Scheideler; Metzler, Stuttgart u. Bärenreiter, Kassel, S. 27-29.

Wynands, Dieter P.J. (2003): Die Neubelebung des Karlskultes im 19. Jahrhundert, in: Zeitschrift des Aachener Geschichtsvereins ..., a.a.O., Bd. 104/105, S. 213-230.

Zeitler, Klaus Peter (2000): Deutschlands Rolle bei der völkerrechtlichen Anerkennung der Republik Kroatien unter besonderer Berücksichtigung des deutschen Außenministers Genscher, Tectum.

Zhang, Jianlin (2006): Die Hauptstadt Chang'an während der Tang-Dynastie, in: Kaiserliche Macht im Jenseits. Grabfunde und Tempelschätze aus Chinas alter Hauptstadt. Ergebnisse der deutschen-chinesischen Zusammenarbeit im Kulturgüterschutz, Katalog hrsg. v.d. Kunst- und Ausstellungshalle der Bundesrepublik Deutschland GmbH, Bonn, Philipp von Zabern, Mainz, S. 63-73.

Der Autor wirkte in den vergangenen Jahrzehnten bei maßgeblichen friedens- und umweltpolitischen Ereignissen und Entscheidungen mit. Herausragend waren der Camp-David-Frieden zwischen Ägypten und Israel und die Öffnung der Berliner Mauer mit der deutschen Wiedervereinigung und der friedlichen Auflösung des Warschauer Pakts. In der zweiten Hälfte der siebziger Jahre war er u.a. an der Ständigen Vertretung der Bundesrepublik und als Arbeitsgruppenvorsitzender des EG-Ministerrats während der deutschen Präsidentschaft in Brüssel tätig. In den Jahren 1989/90 beriet er eine Task Force unabhängiger Sachverständiger auf EG-Ebene zum Binnenmarkt- und grenzüberschreitenden Umweltschutz und nahm an Tagungen des EG-Umweltministerrats teil. Einige Jahre war er Geschäftsführer der Hessischen Stiftung für Naturschutz und von 1981 bis 1985 Ausschussvorsitzender für Landwirtschaft und Umwelt im Kreistag des Lahn-Dillkreises.

1. Juli 2008   Jochem Schäfer, Ministerialrat a.D.
Mühlwiesenstr. 13
60488 Frankfurt am Main
Tel. 069/78 80 10 88